本书为2016年山西省哲学社会科学规划课题"新常态下区域金融风险防控机制研究——以山西省为视角"阶段性成果

经济管理学术文库·经济类

供给侧结构性改革与双支柱调控政策研究

Research on The Supply-side Structural Reform and Double Pillar Regulatory Policy

李 娟／著

图书在版编目（CIP）数据

供给侧结构性改革与双支柱调控政策研究/李娟著.—北京：经济管理出版社，2018.8
ISBN 978-7-5096-5953-3

Ⅰ.①供… Ⅱ.①李… Ⅲ.①中国经济—经济改革—研究 ②货币政策—宏观调控政策—研究—中国 Ⅳ.①F12 ②F822.0

中国版本图书馆 CIP 数据核字（2018）第 192530 号

组稿编辑：杨国强
责任编辑：杨国强　王　洋
责任印制：司东翔
责任校对：董杉珊

出版发行：经济管理出版社
　　　　　（北京市海淀区北蜂窝 8 号中雅大厦 A 座 11 层　100038）
网　　址：www.E-mp.com.cn
电　　话：（010）51915602
印　　刷：北京玺诚印务有限公司
经　　销：新华书店
开　　本：720mm×1000mm/16
印　　张：13
字　　数：204 千字
版　　次：2018 年 8 月第 1 版　2018 年 8 月第 1 次印刷
书　　号：ISBN 978-7-5096-5953-3
定　　价：68.00 元

·版权所有　翻印必究·
凡购本社图书，如有印装错误，由本社读者服务部负责调换。
联系地址：北京阜外月坛北小街 2 号
电话：（010）68022974　邮编：100836

前　言

2008年次贷危机爆发后，传统风险体系中受重视较少的系统性风险成为金融界关注的焦点，而被认为最有效应对系统性风险的方式正是加强宏观审慎监管。单纯的微观审慎监管注重单一银行机构的风险，忽视了国际间的合作，世界各国和主要经济体在金融改革领域逐渐开始加强宏观审慎监管。另外，货币政策在此次金融危机中也遭受到了前所未有的挑战，各国正积极调整货币政策应对当前的经济环境。从实践上看，虽然全球央行采用宽松的货币政策、频繁降低利息，但对世界经济复苏并没有起到实质性作用，当前最重要的是要进行中长期的结构性改革。而且，随着对宏观审慎和货币政策的理论与实践研究表明，宏观审慎政策与货币政策协调使用效果更为显著。

当前，我国经济正处于结构性调整和转型升级的关键时期，"十三五"规划纲要提出以供给侧结构性改革为主线，扩大有效供给，满足有效需求，加快形成引领经济发展新常态的体制机制和发展方式。实施供给侧结构性改革成为我国当前重要的经济发展战略和宏观调控内容。党的十九大报告中又明确提出要健全货币政策和宏观审慎政策双支柱调控框架。加强金融宏观审慎管理制度建设，构建货币政策与宏观审慎管理相协调的金融管理体制对我国当前的经济发展具有重要意义。因此，研究宏观审慎与货币政策的协调可以为供给侧结构性改革提供理论依据，并且具有重要的现实指导意义。

本书围绕我国当前的供给侧结构性改革与双支柱调控政策这一主题进行研究，全文共分为八章内容。

第一章，我国供给侧结构性改革分析。本章主要对我国当前的宏观经济形势进行描述，首先，分析了我国供给侧结构性改革提出的时代背景和存在的主要问题；其次，从理论层面对供给侧结构性改革进行剖析，分别从国内外有关供给侧结构性改革的理论进行分析，从而正确认识我国供给侧结构性改革的理论基础；再次，对供给侧结构性改革中的主要矛盾与主要任务进行分析研究，把握供给侧结构性改革的重点内容；最后，从供给侧与需求侧的角度分析供给侧结构性改革与双支柱调控政策的关系，提出供给侧与需求侧协调的必要性与实现路径。

第二章，我国双支柱调控政策的提出与内涵。党的十九大报告明确提出了健全货币政策和宏观审慎政策双支柱调控框架，深化利率和汇率市场化改革。健全金融监管体系，守住不发生系统性金融风险的底线。本章首先介绍了双支柱调控政策提出的国内外时代背景，通过对双支柱内涵的剖析，进而对宏观审慎政策与货币政策进行了对比和分析，最后对双支柱调控政策的实施及影响进行研究。

第三章，宏观审慎监管的理论与实践。首先，总结回顾宏观审慎监管含义与历史演进；其次，对宏观审慎监管的理论基础进行系统性的阐述，从金融危机前后分别对宏观审慎的理论基础进行剖析；再次，对国际上常用的宏观审慎监管工具、工具组合以及宏观审慎工具的有效性进行分析；最后，总结次贷危机后西方主要国家宏观审慎监管的组织结构与实践以及我国对宏观审慎政策的实践。

第四章，货币政策的理论与实践。首先，回顾金融危机前的常规货币政策调控，理论界有关货币政策达成的共识以及利率调控的有效性分析；其次，对次贷危机后货币政策受到的挑战进行研究，重点对货币政策与金融稳定、资产价格尤其是房地产价格以及短期利率有效性进行研究；再次，对次贷危机后货币政策工具的创新进行分析，包括前瞻性指引，量化宽松货币政策以及结构性货币政策；最后，对危机后我国货币政策受到的挑战以及近年来实施的主要货币政策进行梳理。

第五章，供给侧结构性改革与双支柱调控政策分析。本章重点分析供给侧结构性改革与宏观审慎政策、货币政策的关系。首先，分析供给侧结构性改革与宏观审慎政策的关系，一方面对我国系统性金融风险进行研究，表明宏观审慎政策实施的必要性，另一方面研究宏观审慎政策对供给侧结构性改革的助推作用。其次，分析供给侧结构性改革与货币政策的关系。通过分析供给侧结构性改革对宏观经济的影响，进一步分析货币政策对宏观经济的调控作用。最后，综合分析双支柱政策对供给侧结构性改革的作用与影响。

第六章，双支柱调控政策的理论基础。首先，分析宏观审慎与货币政策的相互关系，重点对两者的相互补充作用和潜在冲突进行阐述；其次，从理论上对宏观审慎与货币政策的协调做出分析，主要包括目标定位与协调、政策操作与工具使用、传导渠道与途径以及组织结构与设置等方面；最后，鉴于商业银行在我国金融体系中的重要地位，这一部分专门对商业银行风险承担、宏观审慎以及货币政策三者之间的关系做出探讨。

第七章，双支柱调控政策实施的实证分析。本章首先研究货币政策对宏观经济的影响，从货币政策对国内生产总值以及房地产行业的影响入手分别进行了实证分析，并研究了价格型货币政策工具和数量型货币政策工具在这两个方面调控的有效性；同时对商业银行面临的挑战进行分析，分别选取宏观审慎和货币政策的代理变量构建实证模型，研究双支柱调控政策的实施对我国商业银行风险承担的影响。

第八章，供给侧结构性改革中的双支柱调控政策研究。首先，分析供给侧结构性改革对宏观审慎与货币政策的诉求，为政策优化调整指出方向；其次，分别对我国供给侧结构性改革中的宏观审慎与货币政策优化、调整做出分析；再次，结合供给侧结构性改革背景，重点对新形势下的宏观审慎与货币政策在政策目标、政策工具、传导机制与监管主体等方面的协调进行分析；最后，简要分析了两种政策与其他政策，如货币政策与财政政策、宏观审慎政策与微观审慎政策的协调。

综上所述，本书围绕我国双支柱调控政策框架的构建与实施，立足国内供给侧结构性改革现状，借鉴国外宏观审慎与货币政策的相关经验，对我国供给侧改革中两种政策的优化调整以及协调配合进行研究，并在此基础上提出一些对策建议。

目 录

第一章 我国供给侧结构性改革分析 … 001

第一节 供给侧结构性改革提出的背景与主要问题 … 001
一、供给侧结构性改革提出的时代背景 … 001
二、当前我国供给侧的主要问题 … 002

第二节 供给侧结构性改革的内涵与理论基础 … 004
一、供给侧结构性改革的内涵 … 004
二、供给侧结构性改革的理论基础 … 004

第三节 供给侧结构性改革的主要矛盾与任务 … 008
一、当前我国供需错位的结构性矛盾 … 008
二、供给侧结构性改革的主要任务 … 011

第四节 供给侧与需求侧的协调必要性与均衡实现路径 … 012
一、供给侧与需求侧的协调必要性 … 012
二、供给侧与需求侧均衡的实现路径 … 015

第二章 我国双支柱调控政策的提出与内涵 … 019

第一节 双支柱调控政策提出的背景 … 019
一、当前我国国内经济形势分析 … 019
二、当前国际形势分析 … 020

第二节 双支柱调控政策的内涵与优势 … 021
一、双支柱调控政策的内涵 … 021

二、双支柱调控政策的优势 …………………………………………… 022

第三节 双支柱调控政策的实施及影响 …………………………………… 024

第三章 宏观审慎监管的理论与实践 ……………………………………… 027

第一节 宏观审慎监管的含义及历史演进 ………………………………… 027

一、宏观审慎监管的含义 …………………………………………… 028

二、宏观审慎监管的历史演进 ……………………………………… 030

第二节 宏观审慎监管的理论基础 ………………………………………… 032

一、古典经济学理论与信息不对称理论 …………………………… 032

二、新凯恩斯主义的全面回归与新自由主义 ……………………… 033

三、金融脆弱性理论 ………………………………………………… 034

四、次贷危机后宏观审慎监管的理论基础 ………………………… 036

第三节 宏观审慎监管工具 ………………………………………………… 038

一、国际上常用的宏观审慎工具 …………………………………… 038

二、宏观审慎工具组合及使用情况 ………………………………… 040

三、宏观审慎工具有效性分析 ……………………………………… 044

第四节 国内外宏观审慎监管的改革与实践 ……………………………… 046

一、主要发达国家宏观审慎监管的改革措施 ……………………… 047

二、巴塞尔银行监管委员会的实践 ………………………………… 050

三、金融稳定理事会的实践 ………………………………………… 051

四、我国宏观审慎监管的实践 ……………………………………… 052

第四章 货币政策的理论与实践 …………………………………………… 055

第一节 金融危机前的常规货币政策调控 ………………………………… 055

一、金融危机前常规货币政策达成的共识 ………………………… 055

二、货币政策共识的核心——通货膨胀目标制的确立 …………… 058

三、货币政策调控手段——经常性的短期政策利率 ……………… 059

第二节 金融危机后货币政策反思与挑战 ………………………………… 061

一、货币政策与金融稳定 ………………………………………… 061

　　二、货币政策与资产价格 ………………………………………… 063

　　三、货币政策与短期利率调节 …………………………………… 066

第三节　国外有关货币政策的实践 ……………………………………… 067

　　一、非常规货币政策的实践 ……………………………………… 068

　　二、结构性货币政策的实践 ……………………………………… 072

第四节　中国货币政策的挑战与实践 …………………………………… 074

　　一、中国货币政策受到的挑战 …………………………………… 074

　　二、次贷危机后我国货币政策的实践 …………………………… 076

　　三、国内外结构性货币政策的比较 ……………………………… 077

第五章　供给侧结构性改革与双支柱调控政策分析 ………………… 079

第一节　供给侧结构性改革与宏观审慎政策关系分析 ………………… 079

　　一、供给侧结构性改革与金融风险防范 ………………………… 079

　　二、供给侧结构性改革中的系统性风险 ………………………… 080

　　三、宏观审慎政策对供给侧结构性改革的助推作用 …………… 089

第二节　供给侧结构性改革与货币政策的关系分析 …………………… 090

　　一、供给侧结构性改革对宏观经济的影响 ……………………… 090

　　二、货币政策对宏观经济的调控作用 …………………………… 092

第三节　供给侧结构性改革与双支柱调控政策关系分析 ……………… 095

第六章　双支柱调控政策的理论基础 …………………………………… 099

第一节　宏观审慎政策与货币政策的关系分析 ………………………… 099

　　一、宏观审慎与货币政策的比较 ………………………………… 099

　　二、宏观审慎与货币政策的相互补充与冲突 …………………… 101

第二节　双支柱调控政策的理论分析 …………………………………… 103

　　一、政策目标 ……………………………………………………… 103

　　二、政策工具 ……………………………………………………… 107

三、传导机制 …………………………………………… 108

　　四、组织机构设置 ……………………………………… 110

第三节　双支柱调控政策与银行风险承担的关系分析 …………… 112

　　一、货币政策与银行风险承担 ………………………… 114

　　二、宏观审慎政策与银行风险承担 …………………… 116

　　三、双支柱调控政策与银行风险承担 ………………… 117

第七章　双支柱调控政策实施的实证分析 …………………………… 119

第一节　货币政策对宏观经济影响的实证分析 …………………… 119

　　一、变量的选取与模型的构建 ………………………… 120

　　二、货币政策对国内生产总值影响的实证分析 ……… 121

　　三、货币政策对房地产行业影响的实证分析 ………… 127

第二节　双支柱调控政策实施对商业银行风险承担的实证分析 … 134

　　一、变量的选择和检验 ………………………………… 135

　　二、面板模型的构建 …………………………………… 137

　　三、VAR 模型的构建 …………………………………… 139

第三节　实证分析与结论 …………………………………………… 143

　　一、从宏观经济角度分析货币政策工具的有效性 …… 144

　　二、从商业银行风险承担角度分析宏观审慎与货币政策工具的
　　　　有效性 …………………………………………………… 144

第八章　供给侧结构性改革中的双支柱调控政策研究 ……………… 147

第一节　供给侧结构性改革对双支柱调控政策的诉求 …………… 147

　　一、供给侧结构性改革对宏观审慎政策的诉求 ……… 147

　　二、供给侧结构性改革对货币政策的诉求 …………… 148

第二节　宏观审慎政策的优化与调整 ……………………………… 149

　　一、分层次细化宏观审慎政策 ………………………… 149

　　二、构建区域性宏观审慎政策 ………………………… 150

三、开发和完善宏观审慎政策工具 ……………………………………… 150

第三节　货币政策的优化与调整 ………………………………………… 151
　　一、货币政策应适当关注金融稳定与资产价格 ………………………… 152
　　二、加强利率的间接调控作用 …………………………………………… 152
　　三、适当时机采用非常规货币政策 ……………………………………… 153
　　四、利用结构性货币政策调节经济不平衡 ……………………………… 153

第四节　供给侧结构性改革中的双支柱调控政策 ……………………… 154
　　一、双支柱调控政策的目标分析 ………………………………………… 154
　　二、双支柱调控政策的工具分析 ………………………………………… 158
　　三、双支柱调控政策的传导机制分析 …………………………………… 162
　　四、双支柱调控政策的组织机构分析 …………………………………… 163

第五节　双支柱调控政策与其他政策的协调 …………………………… 166
　　一、货币政策与财政政策的协调 ………………………………………… 166
　　二、宏观审慎与微观审慎的协调 ………………………………………… 167

第六节　政策的国际间协调 ……………………………………………… 168
　　一、资本流动的国际间影响 ……………………………………………… 168
　　二、政策的溢出与外部性 ………………………………………………… 169
　　三、国际金融机构的作用 ………………………………………………… 169

附　录 ………………………………………………………………………… 171

参考文献 ……………………………………………………………………… 181

第一章 我国供给侧结构性改革分析

全球金融危机对世界各国经济造成了不同程度的影响。2015年后,全球经济形势出现较强的分化局面,仅美国经济持续复苏,日本和欧洲经济增长乏力,全球经济普遍陷入长期停滞,主要问题出在供给侧方面。2015年,中央提出供给侧结构性改革之后,学术界迅速引起共鸣,对供给侧方面进行了大量的研究和探讨,但是对于供给侧改革的内涵等方面并没有统一的界定。本章内容试图对供给侧结构性改革进行系统性的梳理,重点对供给侧与需求侧的对接进行研究与探析。

第一节 供给侧结构性改革提出的背景与主要问题

一、供给侧结构性改革提出的时代背景

2008年次贷危机以来,货币宽松成为全球"保增长"的最主要武器。全球多国央行频繁降息,[1]达到有史以来的低利率甚至负利率。[2]美国、欧盟、日本等都采取了量化宽松的货币政策,日本更是将货币政策从"量化宽松"(QE)发展成为"质化和量化宽松"(QQE),但世界经济增长依旧持续低迷,更重要的原因

---

[1] 2008~2016年全球多国央行降息次数超过660次,平均每3个交易日降息1次。
[2] 瑞典、瑞士、丹麦、欧元区、日本等国先后实行负利率。

在于要进行中长期的结构性改革。

在全球经济进入新常态的同时，我国宏观经济处于经济增长速度换挡、结构调整阵痛、前期刺激政策消化的"三期叠加"时期。在这复杂的经济形势之下，习近平总书记于2015年11月10日召开的中央财经领导小组第十一次会议上提出：适度扩大总需求的同时，着力加强供给侧结构性改革，着力提高供给体系质量和效率，增强经济持续增长动力，推动我国社会生产力水平实现整体跃升。此后，习近平总书记和李克强总理在会议上多次强调供给侧结构性改革。[①] 由此可以看出，供给侧结构性改革是我国经济新常态下的重大创新，为我国政府制定经济政策指引方向。

根据经济学基本原理可知，市场由供给和需求两个部分组成，分别与"供给侧"和"需求侧"相对应。需求侧有投资、消费、出口三驾马车，供给侧有劳动力、土地、资本、创新四大要素。供给侧结构性改革中去产能、去库存、去杠杆、降成本、补短板，即"三去一降一补"，旨在调整经济结构，实现要素的最优配置，提升经济增长的质量和效率，用改革的办法来推进结构调整。

二、当前我国供给侧的主要问题

当前我国供给侧的主要问题表现在一方面人口结构恶化，"人口红利"逐渐消失变为"人口负债"；另一方面劳动生产率和全要素生产率下降，科技生产力不足，创新不足，投资占比下降，消费占比上升。

（一）"人口红利"转向"人口负债"

根据经济增长理论，资本、劳动力和技术是经济增长的主要因素。改革开放以来，中国经济经历了"奇迹式"增长，许多学者论证了这一时期的经济增长得益于人口红利（王德文等，2004；蔡昉，2008；Choudhry 和 Elhorst，2010）。然而依靠"人口红利"驱动经济增长的粗放型模式是不可持续的，在人口红利期

[①] 2015年11月15日，习近平总书记在G20安塔利亚峰会上提出要"重视供给端和需求端协同发力"。2015年11月17日，李克强总理在"十三五"规划纲要编制工作会议上指出"在供需两端发力促进产业迈向中高端"。2015年11月18日，习近平总书记在APEC峰会演讲时表示要努力推进经济结构改革，使供给体系更适应需求结构的变化。

内，人口红利对资本形成和劳动力供给的贡献推动经济高速增长，人口红利消失之后，这一经济增长模式势必需要转变。我国在20世纪80年代中期进入人口红利时期，2010年形成"人口红利"拐点，将在2030年转向"人口负债"（郭晗等，2014）。

按照2015年7月世界银行的标准，中等偏上收入国家的人均国民收入在4126~12735美元，而我国2014年人均国民收入达到7400美元，意味着我国已经列入中等收入国家。与此同时，我国少儿抚养比由1982年的54.6%下降到2015年的22.6%，而老年抚养比由1982年的8.0%上升到2015年的14.3%。[①] 随着我国"人口红利"逐步消失，人口老龄化的逐渐到来，劳动力对经济增长的推动不再具有优势，依靠人口红利以及出口等发展模式很难摆脱"中等收入陷阱"。过去的经济增长模式亟须转变，更多地需要依靠技术进步。

（二）劳动生产率和全要素生产率下降

全要素生产率是一个重要的宏观经济学概念，是分析经济增长源泉的重要工具，也是政府制定长期可持续增长战略的重要依据。从世界经济发展形势来看，中国和很多东亚国家的经济增长更多依赖资本和劳动力增长，全要素生产率的增长率非常缓慢，发达国家则更多依赖全要素生产率增长。此次金融危机以来，我国的全要素生产率有所下降，其关键原因在于经济发展阶段性特征和中国经济的结构性矛盾，人口迁徙放缓、过度投资以及产能过剩等原因（毛雁冰，孙凯，2016）。随着资源要素瓶颈的日益显现以及人口红利的消失，经济增长亟须从数量向结构和质量转变。因此供给侧结构性改革应着重提高全要素生产率，通过资源的优化配置、技术的不断创新和进步来实现企业的优胜劣汰、产业结构升级，实现经济增长驱动模式的根本性转变。

---

① 资料来源：《中国统计年鉴2016》。

第二节　供给侧结构性改革的内涵与理论基础

供给侧结构性改革提出后，学术界对这一问题产生了巨大反响，对其内涵及理论基础也进行了多方面的论述，但对供给侧的内涵并没有统一界定，甚至究其理论基础也有不同的研究和表述。

一、供给侧结构性改革的内涵

关于供给侧结构性改革的内涵国内许多学者给出定义与表述。表 1-1 对供给侧结构性改革的内涵做了相关梳理，旨在对供给侧改革有更全面的把握。

表 1-1　部分学者对供给侧结构性改革内涵的表述

供给侧结构性改革主要观点	供给管理强调通过放松管制和减少税收来调节总供给（李翀，2016）
	以减税为中心的财政政策是供给侧改革的重头戏（李旭章，2016）
	供给侧结构性改革是从供给和生产端入手，通过简政放权，强调制度供给，构建发展新体制，政府适当放权给市场和企业，搞活市场，增加企业供给意愿，释放增长红利，促进经济发展（黄华，2016）
	供给侧结构性改革是以供给侧为改革突破口，在制度、机制和技术三个层面推进结构性改革（冯志峰，2016）
	供给侧改革着力点在供给侧，核心是结构性，关键是改革，根本目的是提高供给质量和效率，使供给体系更好地适应需求结构的变化，提高全要素生产率，促进经济长期持续发展（刘卫红，2016）
	供给侧管理认为市场可以自动调节，使实际产出回归潜在产出，不需要所谓的"刺激政策"来调节总需求（沈坤荣，2016）
	供给侧管理是直接性宏观调控机制，通过经济的、行政的和法律的手段对供给进行直接调控，以实现总供给和总需求的平衡。政府调控供给，供给创造需求（何自力，2016）
	供给侧改革以产品供给体系为对象，以提高企业创新能力和降低企业负担为着力点，以提高有效供给为目标（张志明等，2016）

二、供给侧结构性改革的理论基础

供给侧结构性改革提出后，学术界开始挖掘其理论基础，目前的文献总体分为两大派别：一种是以西方供给学派为理论基础，并形成了"新供给学派"；另一种主张我国供给侧结构性改革是以马克思主义政治经济学为指导，不同于西方供给学派的主张。

（一）西方供给学派

供给侧改革主要解决结构性问题，不是短期内可以产生效果的，因此供给侧管理是中长期的、结构性的、内生性的问题。部分学者分析我国供给侧结构性改革的理论基础是西方供给学派的供给经济学（冯志峰，2016；李翀，2016；刘卫红，2016；张为杰等，2016；李旭章，2016）。

1. 萨伊定律

绝大多数供给经济学的理论都追溯到萨伊定律，作为供给学派的鼻祖，1803年法国经济学家萨伊（J. B. Say）在《政治经济学概论》中提出"供给可以自动创造需求"。萨伊认为，货币在买卖双方的交易过程中不起到实质性作用，交易结束的最终结果是以一种货物交换另一种货物。由于货物生产并交换才使生产者具有购买其他商品的需求与能力，只有提高生产力，创造出与其他产品相交换的产品，才能满足自身的消费需求。因此，萨伊认为，供给会创造需求，即使短时间内存在供需不平衡，但通过市场自由竞争的机制可以自动实现供求平衡。

20世纪30年代，西方国家发生的经济大萧条彻底粉碎了萨伊定律，供给不能自动创造出需求。在这一背景下，1936年英国经济学家凯恩斯（J. M. Keynes）提出要解决经济衰退就需要国家对经济进行干预，通过调控刺激消费，进行总需求管理，被称为"凯恩斯革命"。凯恩斯提出的运用财政和货币这些总需求政策调节经济，在当时确实起到了很大的效果。但是长期却产生了通货膨胀，导致20世纪70年代，西方国家出现了"滞胀"。

2. 供给学派

面对新一轮的滞胀，凯恩斯主义过分追求总需求的做法无力解决。此时以美国经济学家拉弗（A. Laffer）、万尼斯基（J. Wanniski）、吉尔德（G. Gilder）等为代表的供给学派兴起。供给学派认为，政府干预过多，税收过高是造成供给不足的主要原因。拉弗提还用著名的"拉弗曲线"解释税率与政府收入之间的关系。拉弗曲线表明，通常提高税率可以增加政府的收入，但是当税率超过一定界限时，企业由于税收负担过重产生的经营成本过高，反而会减少生产，影响整个经济发展，而政府的收入反而会减少。与凯恩斯总需求管理不同，供给学派主张从供给的角度以降低税收为主要手段来促进经济发展。然而，拉弗曲线解决长期税率对经济的影响，短期之内效果难以显现。

3. 供给学派的实践

美国的里根经济学与英国的撒切尔改革是对供给经济学的典型实践。20世纪70年代，英美两国面临着严重的"滞胀"。1981年里根就任美国总统后，采取了大幅度减税措施来推动企业发展，对部分行业解除管制、缩减社会福利以及减少政府对经济活动的干预以实现自由贸易。通过这些措施，有效缓解了美国的"滞胀"问题，但也产生了一系列负面效应，如联邦政府出现巨大的财政赤字，导致美国成为全球最大的债务国。

面对经济滞胀，英国针对当时国有企业效率低下，政府对经济过度干预，财政对国有企业补贴过多，企业获利不足等现象，撒切尔改革主要采取减少政府管制，推行私有化，减少国有经济比重，提高要素供给效率，提高市场活力，撒切尔供给管理政策起到了明显的作用。

20世纪80年代的德国受到广场协议①的影响，本国货币大幅度升值，导致出口受到影响，之前的贸易顺差受到冲击。此时德国大力推进本国制造业的自主创新能力，同时辅以宽松的财政政策，极大地促进了实体经济的发展，使德国经济得以良好发展。

鉴于西方国家采用供给学派的主张在治理滞胀方面取得的一定成效，国内部分学者主张在供给侧结构性改革过程中借鉴西方国家的经验做法。

（二）马克思主义政治经济学

何自力（2016）认为供给侧管理是借鉴和吸取了西方供给学派和里根经济学的主张这一观点是错误的。张晨（2016）认为不能将供给侧结构性改革与美国里根政府推行的供给学政策混为一谈。供给侧结构性改革从理论上是马克思主义政

---

① 1985年9月22日，美、日、德、法、英五国达成联合干预外汇市场的协议，诱导美元对主要货币的汇率有秩序地贬值，以解决美国巨额贸易赤字问题的协议，又称为"广场协议"。

治经济学与我国当前经济发展实际情况相结合的理论创新，也是对马克思主义政治经济学供给理论的新发展（李抒望，2016；刘向荣，2016；余斌，2016）。

当前供给侧结构性改革是马克思主义理论和观点在我国新形势下的运用，是中国特色社会主义政治经济学在新的历史时期的发展和创新，具体表现为：

（1）生产关系须适应生产力的发展是供给侧改革的起点。当前我国经济发展过程中出现的许多问题表明生产关系已经不适应生产力的发展，两者之间存在着较大的矛盾；同时，新常态经济对生产力的发展提出了新的、更高的要求，需要对生产关系进行变革。

（2）矛盾主次方面的相互转化是供给侧改革的客观要求。随着我国经济步入新常态，相比较需求侧，供给侧已经成为矛盾的主要方面。从需求侧角度来看，需求在解决矛盾中的动力逐渐减弱；同时，传统的粗放式供给模式不可持续发展，需要寻求新的突破。

（3）结构性问题是供给侧的重要节点。具体表现在有效供给不足、无效供给过大、收入结构严重恶化、区域空间结构不合理四个方面。

（4）解决供给侧结构性问题的根本途径在于改革。当前生产关系存在及需要改革的问题包括：市场与政府的界限不清晰、中央政府与地方政府间关系、国有企业的行政性垄断、社会保障供给不足、宏观调控框架与经济结构矛盾等。

（三）新供给经济学

2008年国际金融危机后，我国经济走势持续低迷，政府先后推行了包括4万亿元人民币在内的刺激总需求的政策，但并未起到显著效果。于是学者们开始反思需求侧的政策效果，并且开始从供给侧分析中国经济中存在的问题。2013年，以贾康等为代表的一批新供给学派学者提出，中国需要构建和发展以改革为核心的新供给经济学。新供给经济学是对传统经济学、制度经济学、转轨经济学和发展经济学的整合和创新。学者们分别从理性预期理论（贾康，2014）、经济增长理论（王一鸣，2015）、制度经济学理论（滕泰，2015；沈建光，2015）、发展经济学理论（贾康，2015）、交易成本理论（徐林，2015）等方面对新供给经济学进行了阐述。

新供给经济学主张有效供给比有效需求更能促进经济长期增长。政府要以推动体制机制创新为切入点，以机构优化为侧重点，从供给端入手推动我国结构性改革，有效解决"滞胀""中等收入陷阱"等潜在风险，实现经济的健康可持续发展和质量提升。[①] 目前，新供给学派已经出版和发表了大量的论文、著作[②] 和研究报告，为我国供给侧结构性改革奠定了理论基础。

第三节　供给侧结构性改革的主要矛盾与任务

一、当前我国供需错位的结构性矛盾

当前中国经济的根本问题是结构性问题，当前供需错位的结构性矛盾主要体现在五个方面。

（一）供需长短期结构性矛盾

改革开放到 2014 年的 30 多年时间里，我国国内生产总值（GDP）年均增速高达 12.8%，而 2016 年我国 GDP 增速为 6.7%，意味着过度追求经济增长速度的目标需要改变，更多的应注重经济长期的可持续发展，注重产业结构内部协调。从"需求侧"到"供给侧"，体现了经济增长模式从短期到长期的转变。以刺激经济总量为目标的需求侧调节周期短、见效快；以调整经济结构为目标的供给侧结构性改革从供给端发力，属于长期调节。始于 20 世纪 90 年代末的注重需求侧的短期调整方式，对 GDP 曾经起到了巨大的推动作用。然而，短期的需求刺激又给经济发展遗留了"后遗症"，例如，产能过剩、房地产泡沫等负面影响开始显现，再加上劳动生产率下降、"人口红利"变"人口负债"，供给侧长期性的问题逐渐暴露，亟须从供给方面进行化解。

[①] 刘卫红. 从供需两端发力推进供给侧改革 [J]. 西北工业大学学报（社会科学版），2016（2）.
[②] 两本重要著作：《新供给：经济学理论的中国创新》，中国经济出版社 2013 年版；《中国关键：提升经济国际竞争力》，中国经济出版社 2014 年版。

(二) 部分行业产能严重过剩

长期以来，由于经济增长方式不合理，产能过剩成为我国经济结构调整和产业升级中的突出问题。尤其是2008年次贷危机之后，我国在需求侧采取的财政政策、产业政策等措施，使得产能过剩已经成为系统性和长期性的问题。国际上一般用产能利用率作为衡量产能是否过剩的指标，不同国家产能利用率有所差异，但正常范围在81%~82%，高点在83%~85%，若低于75%则可能存在产能过剩，高于85%则认为产能严重不足。

表1-2可以看出，2015年除汽车和电解铝行业之外，其他八大行业都存在较严重的产能过剩，造船、光伏、电石、水泥、粗钢行业产能利用率低于70%，产能过剩最严重的是焦炭行业，利用率甚至不足60%。

表1-2 2009~2015年我国部分产业产能利用率

单位：%

年份 产业	2009	2010	2011	2012	2013	2014	2015
焦炭	72.6	70.4	69.4	67.2	61.8	62	58.6
造船	65.3	64.4	62.4	66.2	60.2	65.7	60.7
光伏	76.2	70.4	66.8	59.7	61.2	62.7	65.3
电石	67	82.6	61.6	63.4	66.8	65.3	67.3
水泥	67.1	65.2	64.5	67.1	75.6	67.2	68.1
粗钢	81.1	82	80.5	72.2	74.9	67.3	69.5
平板玻璃	69.2	71.4	77.6	73.1	73.5	69.1	70.2
煤炭	91.8	89.3	87.2	76.3	76.3	72.9	74.1
汽车	85.7	105	94	88.2	75.3	76.8	76
电解铝	61.2	59.6	58.6	71.9	73.5	75.5	78

资料来源：《我国产能过剩风险评估与化解》报告，中国金融四十人论坛（CF40）内部课题。

(三) 商品市场供需结构性错位

随着经济的发展，居民收入水平不断提高，对物质文化层面的需求也不断提升，使得微观层面的产品供需结构性错位问题越来越突出。一方面，我国的传统产业如煤炭、钢铁等行业出现严重的产能过剩；另一方面，服务业和高端产品行业出现了有效供给不足。市场的有效供给和有效需求不匹配，造成中国居民在海外大量购物，而国内则呈现出企业家生产动力不足和严重的资源浪费等现象。供给侧结构性改革需要从有效供给入手，增强高端服务和技术行业的供给，不断与居民消费层次相匹配。

（四）杠杆率较高

2008年金融危机以来，我国杠杆率增长迅速。到2015年底，杠杆率总量指标即我国国内信贷占GDP的比重为260.8%，虽然增长迅速，但总体债务规模处于可控状态。其中政府部门杠杆率（政府债务占GDP比重）为56.5%，政府杠杆率总体水平不高，但部分地区政府债务压力较大；居民部门杠杆率（居民贷款占GDP比重）为39.9%；非金融企业部门杠杆率（企业负债占总资产的比重）为143.5%，表明我国目前存在产能严重过剩；银行、证券和保险的杠杆倍数（总资产除以所有者权益）分别为15倍、3倍和10倍（见表1-3）。

表1-3 2015年世界主要经济体杠杆率指标

单位：%

国家	政府	居民	非金融企业	总量指标
日本	234	65	101	400
西班牙	132	73	108	313
法国	104	56	121	281
意大利	139	43	77	259
英国	92	86	74	252
中国	56.5	39.9	143.5	239.8
美国	89	77	67	233
韩国	44	81	105	231
加拿大	70	92	60	221
澳大利亚	31	113	69	213
德国	80	54	54	188
巴西	65	25	38	128
印度	66	9	45	120
俄罗斯	9	16	40	65

资料来源：国泰君安证券研究，国家金融与发展实验室。

(五) 金融市场改革滞后

随着经济体制改革的深化，中国金融体制改革也一直在持续进行。虽然金融市场化也取得了一些成就，但是金融体制发展滞后问题依然存在。当前我国存在的供需错位不仅存在于商品市场，在金融市场上的供需不均衡也同样存在。我国金融市场以银行业为主导，银行业的资产和市场融资占据整个金融体系的80%以上。以银行为主导的间接融资体系在很大程度上不能满足实体经济的发展要求。尤其在2008年次贷危机之后，国际市场价格低迷，出口受阻。国内市场受产能过剩和国际大宗商品价格的影响，生产领域通货紧缩的压力巨大。企业的销售不畅，库存增加，部分行业的产能过剩导致银行的不良贷款有增无减，非金融企业部门杠杆率居高不下，银行惜贷更加严重，中小企业融资困难加剧，如此形成恶性循环，加大了经济下行的风险与压力。

二、供给侧结构性改革的主要任务

(一) 积极推进产业结构调整

加快产业结构调整，解决有效供给与有效需求比匹配的问题，调整优化产品结构，寻找新的市场需求，改变经营模式，使产品更加多元化，满足居民日益提高的消费需求。同时，产能过剩也是供给侧改革中亟待解决的问题，尤其是钢铁、煤炭等传统行业，应分类有序地通过市场化方式逐步淘汰落后产能，运用市场的力量进行重新整合、兼并重组，优化资源配置，提高传统行业的生产效率。

(二) 加快创新驱动的实现

供给侧结构性改革的另一项重要任务是加快实现从要素驱动向创新驱动的转变。随着我国资源要素瓶颈的日益显现和人口红利的逐渐消失，经济增长模式也应由数量型向结构型和质量型转变，提高全要素生产率。在微观层面也要推动企业的技术进步和创新能力，通过降低企业负担等方式，积极培育一批创新型企业，提高企业的生产效率，通过资源的优化配置和技术的不断创新与进步来实现企业的优胜劣汰。

(三) 增强市场机制的主导作用

供给侧结构性改革中应注重简政放权，充分发挥市场资源配置的能力。政府尽可能地减少对微观经济主体的干预，打破垄断，放松管制，提高政府效能，为企业发展提供良好的市场环境和制度保障，激发市场活力。国有企业作为经济增长的长期动力，继续加速国企改革，充分发挥国有企业的中坚力量。同时政府还应创造能够培育创新文化的政策环境，推动企业家的创业积极性，大力支持和鼓励实体经济的发展，通过企业家精神和企业文化带动创新型企业的发展。

（四）防范金融和债务风险

供给侧结构性改革中的去产能、去杠杆和去库存等措施，使我国许多企业尤其是煤炭、钢铁以及房地产行业的债务违约风险加大，商业银行经营不良贷款增加，势必会增加系统性风险和区域金融风险。同时去产能、去库存所带来的债务违约风险也会增加金融不稳定因素。因此，供给侧改革与需求侧调控密不可分，在供给侧结构性改革的同时，要注意提前防范金融和债务风险。

第四节　供给侧与需求侧的协调必要性与均衡实现路径

供给侧结构性改革是我国"十三五"期间的主要任务，是解决当前经济发展过程中各种深层次矛盾的客观需求，对于我国实现中长期经济发展具有相当重要的意义。在供给侧结构性改革过程中也不能忽视需求侧管理，做好供给侧与需求侧的对接是供给侧结构性改革顺利推进的保障。

一、供给侧与需求侧的协调必要性

供给与需求是经济学中最重要的两个部分，供给与需求的平衡是经济均衡的最佳状态。供给侧和需求侧对经济增长都具有重要作用，但是其前提条件和作用机制不同。

（一）供给侧结构性改革是长期任务，需求侧调控是短期工作

过去多年来，我们一直强调根源于凯恩斯主义的需求侧调控。凯恩斯主义经济学认为，经济体的活动总量由投资、消费、出口三驾马车构成，因此，当经济出现过热或衰退时，主张以紧缩或扩张的货币政策和财政政策调节总需求。然而对需求侧的调控并不是经济增长的原动力，需求侧调控只是从经济运行的结果出发，对宏观经济进行短期的逆周期调节，主要目的是熨平周期性波动，所以，需求侧的政策是维护短期经济稳定。例如，2008年次贷危机之后，我国出台的4万亿元人民币刺激总需求的政策，虽然没有从根本上改变经济结构现状，但是确实在短期内对GDP的提升起到显著作用。因此，需求侧的调控作用仍然不能忽视。

随着经济的发展，当前生产关系已不适应生产力的发展，需要生产关系产生变革。从改革开放到2014年的30多年时间里，我国GDP年均增速高达12.8%，而近年来增速降至8%，意味着过度追求经济增长速度的目标需要改变，更多地应注重经济长期的可持续发展，注重产业结构内部的协调。此外，由于长期以来经济增长方式不合理，产能过剩成为我国经济结构调整和产业升级中的突出问题。尤其是2008年金融危机之后，我国在需求侧采取的财政政策、产业政策等措施，使得产能过剩已经成为系统性和长期性的问题，因此我国大力推进供给侧结构性改革。

供给侧结构性改革旨在调整经济结构，实现要素的最优配置，提升经济增长的质量和数量，即供给侧结构改革是用改革的办法来推进结构调整。而供给侧结构性改革的推进，产业结构的调整是长期、循序渐进的，不能一蹴而就。

（二）供给侧结构性改革是产品管理，需求侧调控是货币调控

供给侧结构性改革是产品侧管理，是生产和提供产品的所有活动，属于实体经济范畴；需求侧是货币侧，是形成购买力的活动，属于货币经济体系范畴。

实体经济是指物质的、精神的产品和服务的生产、流通等经济活动范畴。既包括农业、工业、商业服务业、建筑业、交通通信业等物质生产和服务部门，也包括教育、文化、信息、知识、艺术、体育等精神产品的生产和服务部门。实体经济的发展是人类社会赖以生存和发展的基础。当前我国供给侧结构性改革旨在调整经济结构，实现要素的最优配置，提升经济增长的质量和数量。

货币经济体系则是以货币的出现和信用的发展为前提，以银行、资本市场等现代金融服务业为核心，由股票、债券以及金融衍生品等资本活动所构建的经济体系范畴。需求侧管理则主要依靠财政政策和货币政策对经济进行调控。

货币最基本的一项职能——流通手段，即作为经济交易的媒介，只有当实体经济中的供给系统所生产的产品总量与货币系统所形成的流动性总量大体均衡时，才能达到宏观经济供求的平衡。基于凯恩斯主义的宏观总需求调控就是在经济处于低速增长时期，通过扩张性的货币和财政政策影响总需求，通过增加货币供应量和政策支出等方式促进就业，推动经济增长；反之，当处于经济过热时期，则采取减少货币供应量和减少政府支出等货币财政政策来收缩流动性，最终目的是保持供给侧与需求侧的均衡发展。

（三）供给侧结构性改革适用于结构失衡，需求侧调控适用于总量失衡

需求侧调控属于总量调控，主要是指政府在宏观经济领域利用财政政策、货币政策对经济总量进行调节，以保持总供求的平衡。一般来说，宏观经济学中作为政府调控的手段有财政政策、货币政策、收入政策和价格政策。

财政政策与货币政策都是总量调控政策，但财政政策又是结构性调控政策，而且某种程度上说财政政策更加偏向于结构性调控；对居民收入水平进行调控的收入政策也属于总量调控，但究竟如何实现调控目标，则应当通过结构性调整来实现。例如，针对东部、中部与西部居民收入水平状况，分别制定提高不同区域居民收入水平的政策措施，就属于收入政策的结构性调整；调控物价总水平以及物价水平增长率属于价格政策的总量调控措施，但总量调控目标是通过制定结构性调控目标来实现的。

作为需求侧调控的主要手段的货币政策是建立在货币流量分析的基础上，一直比较侧重于总量管理，调控总量失衡。货币政策主要调节货币供应量或利率，一般的做法就是通过货币政策工具、公开市场业务等手段进行。无论是财政政策还是货币政策的实施，扩大经济总量等同于对经济增长产生刺激，并且作用范围较为普遍。

而供给侧结构性改革适用于结构失衡。长期以来，由于经济增长方式不合理，产能过剩成为我国经济结构调整和产业升级中的突出问题。尤其是2008年金融危机之后，我国在需求侧采取的财政政策、产业政策等措施，使得产能过剩已经成为系统性和长期性的问题。

供给侧结构性改革需要从有效供给入手,增强高端服务和技术行业的供给,不断与居民消费的层次相匹配。

(四)供给侧结构性改革与需求侧调控的比较

如表 1-4 所示,由于供给侧结构性改革和需求侧调控在目标、政策、手段以及效果上各有侧重,因此,在整个宏观经济层面推行供给侧改革,并不是意味着需求侧调控不重要,正确处理两者的关系对宏观经济平稳运行有巨大推动作用。供给侧改革与需求侧调控是经济发展的两个方面,两者相辅相成,需求侧的调控能够为供给侧改革提供保障,而供给侧改革也会为需求侧调控提供动力,两者应该有机结合,共同推进。

表 1-4 供给侧结构性改革与需求侧调控的对比

内容	供给侧结构性改革	需求侧调控
改革与调控目标	从生产者与供给角度进行结构性改革,侧重于经济结构的转型升级	从消费者与需求角度进行宏观调控,侧重于拉动消费,促进经济增长
改革与调控政策	供给端:通过释放企业活动刺激基本面增长,通过管制、结构性调整实现产业结构优化升级、创新驱动升级等	需求端:通过财政政策和货币政策刺激消费、投资和出口,拉动经济增长
改革与调控手段	减免税收、推动技术创新	调节货币供应量、利率和政府支出等
改革与调控效果	期限长、见效慢	期限短、见效快

二、供给侧与需求侧均衡的实现路径

当前我国供给侧的主要问题表现在一方面人口结构恶化,"人口红利"逐渐消失变"人口负债";另一方面劳动生产率和全要素生产率下降,科技生产力不足,创新不足,投资占比下降,消费占比上升。随着资源要素瓶颈的日益显现以及人口红利的消失,经济增长亟须从数量向结构和质量转变。

(一)短期需求侧调控配合长期供给侧改革

供给侧结构性改革应着重提高全要素生产率,通过资源的优化配置和技术的不断创新和进步来实现企业的优胜劣汰、产业结构升级,实现长期以来经济增长驱动模式的根本性转变。但是,随着供给侧结构性改革的推进,去产能、去库存以及去杠杆等措施在短期内会加剧经济下行压力,因此需要总需求管理的保驾护航。

供给侧结构性改革短期内会加剧经济下行压力，也将对金融稳定提出新的要求。因此，对供给侧结构性改革背景下的金融风险防范也是当前一项不可忽视的重要任务。作为需求侧调控主要手段的货币政策一直以来关注物价稳定，供给侧结构性改革下更重要的是关注充分就业问题，通过调节利率和货币供应量等工具调控宏观经济活动，推动经济增长和解决就业问题。同时还需要配合宏观审慎政策关注资产价格的稳定，通过调节逆周期资本要求与贷款价值比等工具防范和控制系统性风险，维护金融稳定。

（二）产品管理与货币调控相结合

需求侧调控应配合供给侧结构性改革，尽可能地使实体经济中供给系统所生产的产品总量与货币系统所形成的流动性总量大体均衡，以维护宏观经济供求的平衡。

供给侧结构性改革中的去产能、去库存等措施，直接影响到流通中需要的货币量，货币调控内容之一就是对流动性的关注，增强流动性为供给侧结构性改革提供保障。在国际上量化宽松货币政策的影响之下，中国人民银行对货币政策工具做出积极的创新和探索。2013年1月央行积极启用短期流动性调节工具（SLO），作为公开市场常规操作的补充，来熨平公开市场操作中的间歇期流动性波动；2013年初央行创设常备借贷便利（SLF），对金融机构提供流动性支持；开展了以逆回购为主要内容的公开市场业务操作，2015年通过公开市场操作的逆回购数额达到了32380亿元，给交易对手放出了大量的流动性；2015年中国人民银行先后5次下调法定存款准备金率，大大增强了流动性。

另外，货币调控还应适度调节货币供应量。供给侧结构性改革最终将体现在供给系统对于需求变化的更高弹性上，即灵活反应能力。产能过剩和库存积压就是供求关系矛盾的显现。供给和需求关系的最集中体现是价格，价格是调节供求关系的决定性因素，价格机制是否有效决定了整个经济系统是否具有供给弹性和需求弹性，能否实现市场出清，所以形成有效的价格机制是供给侧结构性改革的核心内容之一。作为关注物价稳定的货币政策在货币供应量的调节上要适度，避免过度宽松的政策对通胀产生影响，从而影响价格机制的有效性。

（三）结构调整与总量调控相结合，并注重结构性调整

货币政策作为需求侧调控的主要手段，如何配合供给侧结构性改革。有机构认为，2015年的货币供应宽松力度不够；也有专家认为，2016年货币政策将主要配合供给侧结构性改革，总量工具的重要性将低于结构性工具。中国人民银行前行长周小川指出，货币政策属于总需求管理，适度的总需求管理会给供给侧结构性改革提供更好的空间，因此，总需求管理仍然重要。随着供给侧结构性改革的推进，在总量管理的基础上也需进行结构性调控。

供给侧结构性改革背景下，推进结构性货币政策可以促进产业结构的调整，优化金融机构存贷款结构，促进经济发展方式的转变，推动产业结构更加合理化。结构性货币政策对信贷结构及利率等调整能调节市场供求变化，引导资金流向，促进生产率的提高。

国际上对结构性货币政策的实践，如美联储推出一系列创新货币政策工具，又如定期证券借贷便利（TSLF）、商业票据融资工具（CPFF）、定期资产支持证券贷款工具（TALF），等等，都具有"结构性"特点，为市场提供流动性；英国央行联合财政部推出融资换贷款计划（FLS），重点支持银行对中小企业和家庭放贷；欧洲央行推出定向长期再融资操作（TLTRO），引导资金流向实体经济，尤其是中小企业；日本央行推出贷款支持计划（LSP），包括促增长融资便利和刺激银行借贷便利，同样是向实体经济注资。

我国结构性货币政策主要体现在：运用差异性政策，支持小微企业和"三农"产业发展，促进供给侧结构调整和创新；央行推出定向降准、定向降息、低利率抵押补充再贷款（PLS）、支农支小定向抵押再贷款等。在供给侧结构性改革过程中，针对去产能、去库存等任务推出和使用具有针对性的货币政策工具，充分发挥货币政策的结构性作用。

（四）供给侧结构性改革需要需求侧的逆周期监管

供给侧结构性改革不具有逆周期调节的功能，供给侧结构性改革通过减少政府干预，减税等措施进行改革，税收政策可以对经济进行调控，在经济增速放缓时减税，经济过热时提高税率，达到调节经济的目的；但是政府干预不能进行逆周期调节，供给侧结构性改革就是为了深化改革，减少政府干预，打破垄断，建

立市场机制，但是当经济形势发生变化则不能反过来实施。

货币政策的制定与实施中一直具有基于规则和相机抉择的争议。基于规则的货币政策透明度较高，可以稳定公众预期，政策的导向性较为明确；基于相机抉择的政策灵活性较高，在不同的经济环境下易于操作，能够有效应对经济中的不确定冲击。从实践上看，我国货币政策主要是以相机抉择为主（含有部分规则成分），即可以对经济进行逆周期调节，属于典型的逆周期调节手段。因此，供给侧结构性改革需要需求侧的逆周期监管配合，通过逆周期调节，在经济增速放缓的情况下，采取扩张性政策刺激经济发展，鼓励新兴产业，高技术行业的发展，为供给侧结构性改革的顺利进行提供保障。

第二章 我国双支柱调控政策的提出与内涵

2017年10月18日召开了中国共产党第十九次全国代表大会。中共十九大报告明确提出了健全货币政策和宏观审慎政策双支柱调控框架,深化利率和汇率市场化改革。健全金融监管体系,守住不发生系统性金融风险的底线。

第一节 双支柱调控政策提出的背景

2018年我国将健全货币政策和宏观审慎政策双支柱调控框架,保持货币政策稳健中性,继续深化供给侧结构性改革。双支柱调控是对全球金融危机的反思并结合我国国情提出的重要战略。

一、当前我国国内经济形势分析

当前国内经济金融运行态势决定双支柱调控框架的构建。就我国目前的形势而言,经济金融运行总体态势较为平稳,但是在金融业迅速发展的过程中,随着金融创新的推进,尤其是互联网技术在金融业中的广泛应用,金融风险的表现形式、传播速度对社会经济的影响程度相比以往更加深刻。金融领域风险较大,涉及面较广,违法违规现象较严重,结构性失衡较为突出。在这种情况下,单靠货币政策通过维护币值稳定促进经济发展的调控模式不能完全实现社会经济金融的平稳健康发展,系统性风险仍然有可能进一步聚集。

虽然目前我国物价较为平稳，但是各种金融风险事件时有发生，这些金融风险虽然没有引发系统性风险，但是对金融秩序造成一定的影响，损害了社会公众的利益。除了需要货币政策作为主要调控手段之外，还需要从宏观层面增加对金融业的整体运行态势以及对金融业风险的关注和监管。宏观审慎政策的制定和实施，有利于调控金融运行的顺周期现象，有利于控制好跨市场、跨产品、跨机构风险的传染和扩散，是对货币政策监管的重要补充和配合。

二、当前国际形势分析

2008年全球金融危机爆发之前，世界主要发达国家实施货币政策调控时主要以通货膨胀这一目标为主，较少将资产价格纳入货币政策调控框架。但是金融危机爆发之后，传统的货币政策在应对资产价格出现剧烈波动时出现了监管不足，导致产生一系列风险和问题。传统货币政策对于金融危机的应对方式是"事后清理"，在危机爆发后，中央银行进行较大幅度货币宽松以弥补危机后造成的经济损失。但是通过宽松政策对市场救助的"事后清理"会加剧投资者的道德风险，推动资产价格上涨甚至出现泡沫，其产生的弊端较为严重。

"事后清理"所采取的宽松货币政策将会导致资产价格泡沫和杠杆率提高，杠杆率的提高和泡沫的积累不利于经济的发展。此时若央行为调控资产价格泡沫和杠杆水平采取紧缩的货币政策，可能导致产出和通胀的大幅度波动，触发系统性金融风险，对金融稳定造成影响，不利于宏观经济稳定发展。

因此，逆周期监管的宏观审慎政策能够对货币政策运行造成的资产价格波动进行调整，对货币政策的实施起到补充和配合的作用，为货币政策的实施创造有利的环境。货币政策与宏观审慎政策的双支柱调控框架更多地关注物价与资产价格稳定，可以更加有效地实现金融监管，维护金融稳定。

第二节　双支柱调控政策的内涵与优势

健全双支柱调控政策需要对双支柱调控深入剖析，对其内涵和执行有明确的认识和理解。

一、双支柱调控政策的内涵

（一）双支柱调控的内涵

"双支柱"包含宏观调控的两大政策，即宏观审慎政策和货币政策。宏观审慎政策并不是一个新的概念，早在金融危机之前就被提出，但是直到此次金融危机的爆发才使其备受关注。而此次金融危机的爆发与缺乏逆周期金融监管有很大关系。

货币政策是各国中央银行为实现特定经济目标而采用的各种控制和调节货币供应量或信贷规模的方针和措施的总称。它是一个包括货币政策目标、货币政策工具、货币政策的中介指标、货币政策效果等一系列内容在内的完整的体系。货币政策目标经过长时间的演变已经较为成熟，货币政策工具的使用较为频繁，效果也较为显著。

西方国家执行货币政策主要依靠调整短期市场利率来引导和调控货币市场利率，进而影响长期利率、信贷增速、汇率等指标，达到宏观调控的目标。货币政策将物价稳定作为最主要目标，通过关注通货膨胀率来维护价格稳定，保证金融市场稳定运行，然而金融危机揭示了这一运作模式存在的缺陷。中央银行通过短期利率调控宏观经济的方式容易引起资产泡沫，加大金融风险的累积。因此，金融危机后，许多国家更加关注资产价格波动，控制金融体系中的泡沫以及风险传染。

次贷危机后备受关注的宏观审慎政策，是从宏观、逆周期、跨市场的角度，自上而下地监测经济金融运行状况。宏观审慎政策将缓解金融体系周期波动和风险跨市场传染对宏观经济的影响作为主要目标,防范金融体系的系统性风险。宏观审慎政策的最终目标是维护金融稳定,更加侧重于金融体系和金融机构,并且与微观审慎监管不同的是,宏观审慎监管更加关注金融机构之间的风险传染。

(二)双支柱政策的比较

货币政策作为传统的宏观调控政策之一,其主要是调控宏观经济总量的政策,货币政策的实施主要影响一国的总需求,通过关注通货膨胀和产出波动,维护物价稳定,保持经济持续增长;相比而言,宏观审慎政策是结构性调整政策,利用宏观审慎工具调节经济和金融体系的结构性问题,防范和化解系统性风险,维护金融体系的稳定运行。

货币政策和宏观审慎政策从本质上来说是两种政策,但是在实施的过程中可以相互促进、相互补充。就政策工具而言,货币政策主要通过利率、信贷、汇率等进行调控和传导,而宏观审慎政策更多影响资产价格,通过资产价格进行传导。构建和完善双支柱调控政策不仅需要改革和完善传统的金融监管体制,创新货币政策和宏观审慎政策工具,还要强调两种政策之间的相互配合和相互协调,通过对两种政策的协调,使其政策之间的矛盾与冲突最小化,充分发挥其政策配合效果,维护经济金融健康发展。

二、双支柱调控政策的优势

(一)双支柱调控有助于两种政策的协调

双支柱调控框架中宏观审慎政策与货币政策共同使用,相互补充,有利于弥补单一政策的不足与缺陷,两者相辅相成,共同维护经济金融发展。

宏观审慎政策能够在一定程度上弥补货币政策的不足。长期以来,货币政策主要关注物价稳定,对资产价格关注较少。由于资产价格和信贷周期都是货币政策的外生变量,货币政策无法盯住资产价格波动而随时进行调整,不能有效防范系统性金融风险,在维护金融稳定方面表现出明显不足;而宏观审慎政策主要关注资产价格波动,在防范和化解系统性金融风险的过程中,为稳健中性的货币政策的实施和传导提供有力支撑,一定程度上弥补了货币政策的不足。

货币政策能够保障宏观审慎政策的实施。稳健的货币政策创造了良好的货币金融环境,可以保障宏观审慎政策的顺利运行。稳健中性的货币政策能兼顾宏观审慎政策的稳健性,使宏观审慎政策更能有效防范和化解系统性金融风险,成为宏观审慎政策的有益补充。因此,双支柱调控能够更好地促进经济增长,维护金融稳定。

(二)双支柱调控有助于宏观经济目标的实现

货币政策与宏观审慎政策有其各自的目标及政策工具,虽然是两种政策,但是两种政策具有许多相同之处,将它们都纳入双支柱调控政策框架,有利于宏观调控目标的实现。

首先,货币政策目标和宏观审慎政策目标均具有宏观调控性质。货币政策以物价稳定为目标,对宏观经济进行总量调节,而宏观审慎政策则考虑整个金融系统的安全与稳定,两种政策均是宏观调控的工具和手段,以实现宏观经济的总体平衡。

其次,货币政策和宏观审慎政策都通过逆周期调节以实现政策目标。为了实现宏观经济的调控目标,货币政策可以进行逆风向操作;宏观审慎政策通过逆周期的资本缓冲机制,抑制系统性风险的扩散。两种政策的协调能更加全面地对社会融资活动进行逆周期调节,维护金融体系的稳定。

最后,货币政策目标与宏观审慎政策目标基本一致。货币政策目标是实现宏观审慎政策目标的基础,可以为宏观经济运行提供良好的环境;宏观审慎政策目标是实现货币政策目标的有力保障,可以为货币政策的实施提供畅通有效的传导机制,有利于货币政策目标的实现。

(三)双支柱调控有助于维护经济金融稳定

双支柱调控政策框架内,货币政策与宏观审慎政策的相互影响,有利于经济金融体系的稳定。

在货币政策的调控过程中,货币政策虽然能在稳定物价方面发挥有效的调控作用,然而在控制资产价格波动方面却缺乏弹性。例如,在经济萧条时期,物价持续普遍下降,央行将会实行宽松的货币政策,达到稳定物价的目的。此时,房地产等资产价格在货币政策刺激下上涨较快,如果再通过紧缩的货币政策工具来抑制过热的资产价格,不断上调利率,最后可能导致资产价格泡沫破裂,加剧系统性金融风险,使金融体系受到较大冲击,增加金融不稳定因素,实施单一的货币政策进行调控效果并不显著。因此,货币政策与宏观审慎政策的搭配与协调,不仅会稳定物价、促进实体经济的发展,还能抑制资产价格的泡沫化趋势,维持金融体系的平稳发展。

在宏观审慎政策的调控过程中,如果宏观经济受到资产价格冲击时,此时需采取宏观审慎政策盯住资产价格、维护金融体系的稳定,还要关注物价、通货膨胀及国际收支等宏观经济状况,同时配合使用恰当的货币政策工具进行调节。宏观审慎政策与货币政策协调配合,不仅会提高银行信贷的有效性,降低借贷成本,还能更加有效地控制系统性风险,从而达到维护金融稳定的目的。

第三节 双支柱调控政策的实施及影响

双支柱调控政策的实施将有利于我国宏观经济的稳定发展,金融体系的稳健运行,但是在实施过程中也有诸多问题需要协调与解决,才能保证两种政策效果最大化。

双支柱调控政策框架的构建与实施,将宏观审慎政策纳入金融监管体系中,对我国金融监管将产生一系列影响,主要表现在以下几个方面:

首先,对于资本充足率的影响。宏观审慎资本充足率指标是宏观审慎评估(MPA)体系的核心,相比微观审慎监管的资本充足率指标,宏观审慎监管引入了两个重要参数:结构性参数和逆周期缓冲参数。其中,结构性参数是考察金融机构稳健经营状况和信贷政策执行情况;逆周期缓冲参数则用来考察金融机构的系统重要性和广义信贷增速。结构性参数和逆周期缓冲参数是对微观金融机构的宏观定位,也是对微观风险和宏观风险的综合衡量。因此,宏观审慎政策更加强调宏观审慎资本充足率。

其次,对利率定价行为的影响。随着利率市场化的不断推进与完善,存贷款基准利率对实际信贷利率的指导意义显著下降,银行在利率定价方面获得更多自主性。加强对利率定价行为的监管，不仅能够约束非理性定价，维护市场竞争环境，降低社会融资成本，同时也有助于促进金融机构提高风险管理水平，管控金融风险。

再次，对广义信贷的影响。广义信贷是将债券投资、股权及其他投资、买入返售资产等均纳入信贷规模监管之中，以加强对金融机构进行监管和约束。为了更加全面准确地衡量风险，引导金融机构更为审慎经营，中国人民银行在对2017年第一季度评估时，将表外理财也纳入广义信贷范围，以合理引导金融机构加强对表外业务的管理。引入广义信贷有助于加强货币和信贷监管的一致性，降低因只关注狭义信贷增速而过度释放流动性的可能。

最后，对实施差别化奖惩的影响。随着我国宏观审慎制度的完善，MPA体系发挥了较大作用，成效良好。中国人民银行通过MPA体系对金融机构评估打分，根据评估结果进行奖惩，例如，差别准备金利率等。另外，除了每个季度的事后评估，还按月进行事中、事后监测和引导。这种机制有助于发挥金融机构的自我约束作用。

双支柱调控框架的构建要求MPA体系更全面和更系统的监管，这对监管体系本身也提出了更高的要求，MPA体系应该在监管对象和监管主体两方面进一步发展和完善。

宏观审慎政策框架的监管对象会进一步扩大。目前我国的MPA体系只针对银行机构，但未来监管领域可能向跨行业、跨市场、跨国界进行延伸，将原来不受监管的影子银行、金融衍生产品、表外业务等也纳入监管范围，实现监管对象的全覆盖。同时，宏观审慎管理对信息披露和透明度的要求更高。监管范围内的所有金融机构都需如实披露信息，确保监管当局能够及时、准确评估机构对系统性风险的贡献度，从而实施差别化的审慎性监管。

按照我国目前的金融监管体系仍然是"一行两会"，我国现行的金融监管体制运行良好，"一行两会"各司其职。中国人民银行作为我国的中央银行，在制定和执行货币政策的同时也承担着"防范和化解系统性金融风险，维护金融稳定的职责"。虽然已经建立了跨部门的金融稳定发展委员会，但交叉监管、监管不足和监管越位等问题依然存在。未来的监管主体亟须解决的问题，例如，如何协调各部门之间的协同监管,避免交叉与重复监管,同时也需要避免真空监管;另外,对双支柱调控政策框架中存在的特定问题需要加快立法,明确界定其定义与范围,为宏观调控提供保障。

第三章 宏观审慎监管的理论与实践

金融是现代经济的核心,金融机构与金融市场健康运行,金融业通过有效配置资源能够更好地服务于实体经济,促进实体经济的健康发展;反之,如果金融机构与金融市场的运行出现问题,对经济发展会有很大的抑制作用,并且在极端情况下还会导致金融危机,严重影响经济发展。

金融监管是保证金融系统正常运行的防火墙,对于维护金融业健康运行、降低银行业的经营风险,促进金融和经济的健康发展有着重要作用。本次国际金融危机的爆发使学术界对金融监管理论进行新一轮的探讨。本章主要剖析宏观审慎监管的历史演进、理论基础、分析国内外对宏观审慎监管的实践,力图从整体上理顺和把握宏观审慎监管的发展脉络。

第一节 宏观审慎监管的含义及历史演进

"宏观审慎"概念是与金融监管紧密相连的,最早是在 20 世纪 70 年代末提出。1986 年 4 月,国际清算银行(BIS)在《近期国际银行业的创新活动》报告中,提出宏观审慎政策可以促进金融体系和支付机制的安全和稳健运行。此后,宏观审慎监管研究进入缓慢发展时期。次贷危机之后,学术界把焦点集中在金融顺周期性、系统性风险的防范等方面,宏观审慎监管也得到了广泛关注。

一、宏观审慎监管的含义

宏观审慎监管是此次国际金融危机之后金融界讨论的焦点问题之一。宏观审慎监管重点关注的是金融体系的顺周期波动以及系统性风险的防范与控制，主要从宏观的、逆周期的视角来维护整个金融体系及社会稳定，这与微观审慎监管注重单个商业银行稳定经营的视角不同，微观审慎监管更加注重金融机构之间的联系与风险的传染。

(一) 宏观审慎监管的必要性

国外代表文献 Knight（2006）、Borio（2009）、Brunnermeier 等（2009）认为，之所以要加强宏观审慎监管，主要与金融体系的顺周期性和系统性风险的防范有关。系统性金融风险可以分为横向维度和纵向维度，横向维度的风险衡量关注金融机构之间的相互关联和共同的风险暴露，单个金融机构对整个系统性风险的贡献度等；纵向维度的风险即时间维度的风险衡量关注的是金融体系的顺周期性，即从时间的角度分析风险的积累、放大以及对实体经济的影响。

一方面是横向维度的系统性风险的防范与宏观审慎监管。系统性风险是指由于全局性的共同因素导致收益变动的可能。具体到金融业，系统性金融风险是单个或少数几个金融机构的破产或巨额损失导致的整个金融系统面临崩溃的风险，以及其对实体经济产生严重的负面效应的可能性。此次金融危机之前，银行监管当局没有对系统性风险给予足够的重视，"世界上大多数国家金融监管制度的设计都注重单个金融机构的稳健性"（Bernanke，2010）。但是金融危机的爆发表明，仅仅重视单个金融机构稳健性的微观审慎监管已经不足以防范系统性风险。在金融体系高度关联的情况下，金融系统中的风险暴露和相互关联使得一个特定的冲击在金融系统中相互传染并演变成系统性风险。当金融系统在运行中存在"合成谬误"时，即当一个金融机构遭受冲击而抛售资产时，能够抵御冲击，但当所有金融机构都抛售资产的时候，该措施将无法达成原有的目的。因此，当金融机构遭遇到外部冲击时，在"羊群效应"的作用下，容易产生系统性风险。

另一方面是纵向维度的金融体系顺周期性与逆周期监管。从经济周期的角度来看，经济变量与经济波动之间有顺周期与逆周期之分。顺周期性又称为亲周期性，是经济学中用来描述经济变量与经济波动之间正相关关系的概念。在整个经济运行过程中，经济变量在某些特征因素的影响下与经济周期同方向变化，即正相关。反之，则是逆周期。首先，商业银行在经营过程中由于银行资本的顺周期性，使得商业银行具有顺周期性特征（Borio，2001）。许均平（2009）指出金融体系中的顺周期现象不仅存在于以银行业为主的信贷市场领域，在资本市场领域同样存在，且当信贷市场萎缩、资本市场衰退时，这种顺周期效应会通过财富效应、金融加速器、托宾 Q 效应影响实体经济的运行，从而使得实体经济周期出现更大幅度的波动。其次，金融机构的非理性行为因素、金融外部监管、非对称的货币政策操作都会增加或强化金融体系顺周期效应（毕家新，2012）。金融体系过度的顺周期性会加剧经济周期的波动，不利于经济正常运行。解决金融体系的顺周期性就要从监管政策角度出发实施更多的逆周期监管机制。

（二）宏观审慎监管的含义

关于宏观审慎监管的含义，国际金融界众说纷纭。总体上看，宏观审慎监管含义包含的内容非常广泛，几乎包含了所有的特征、要素、系统性风险以及监管体制等方面。例如，Bernanke 从八个方面对宏观审慎监管进行了分析，英国金融服务局（UK FSA）认为宏观审慎监管应该包括五个方面，表 3-1 就国际上一些主要的观点进行简要概述。

表 3-1 对宏观审慎监管含义的简要梳理

代表人物或机构	主要观点
国际清算银行（BIS）总经理 Crockett	指出宏观审慎监管的两个特征：降低危机发生时金融体系的整体损失；金融系统的风险并不是单个银行造成的，而是与集体行为有关；对系统性风险提出时间和空间两个维度的监管
FSB-IMF-BIS（2011a）	宏观审慎监管主要是对系统性金融风险的识别与限制；提高金融服务效率，减少对实体经济的影响
FSB-IMF-BIS（2011b）	宏观审慎特征：监管目的是防范和限制系统性风险，减少金融服务大面积中断；监管范围是整个金融系统以及金融系统和实体经济之间的关系；利用宏观审慎工具对系统性风险的监管

续表

代表人物或机构	主要观点
Bernanke	宏观审慎监管框架包含八个方面：①在关注个体风险的基础上重点关注跨企业、跨部门、规模较大的系统性风险；②隐藏系统性风险；③关联性较强的行业和部门之间的风险溢出；④重点对系统性重要机构实施金融监管；⑤系统重要性金融机构出现危机时，应具有安全应对的机制；⑥保障金融基础结构的稳定与健康；⑦减少资本监管以及其他规定和标准的周期性特征；⑧加强对监管漏洞的判断，防止其对金融体系的影响
英国金融服务局（UK FSA）	从五个方面分析宏观审慎监管：①金融系统与实体经济的关系，包括资金供给、信贷定价、杠杆率与风险程度；②期限转化的形式及流动性风险；③资产价格与长期均衡水平的关系，包括房地产价格、股票等资产；④金融体系杠杆率水平；⑤关注未受到监管的新型金融机构对系统性风险的影响

资料来源：笔者根据相关资料整理。

从以上分析可以看出，宏观审慎监管是以金融监管角度作为出发点，但不局限于仅对金融体系的监管，更重视金融体系与实体经济以及宏观经济之间的关系。宏观审慎监管的目的是防范和降低系统性金融风险，以及由此给经济波动和实体经济带来的风险。在监管方式上，不同于微观审慎监管的重点仅仅是提高单个金融机构的稳健性，宏观审慎监管则重点关注金融机构之间的相互关联、风险传染以及面临的共同风险。除此之外，还包括对资产价格的关注，对安全保障体制的构建等方面。

二、宏观审慎监管的历史演进

"宏观审慎"概念与金融监管紧密相连，在金融发展过程中金融监管理论的发展与演变大都与金融危机有关，因此，可以说金融监管理论是伴随着金融危机的发生而不断完善的。随着20世纪90年代的金融全球化和自由化的发展，金融危机频繁爆发，理论界逐渐把研究视角转向宏观层面。对于宏观审慎监管理论的研究最早是在1979年库克委员会的会议讨论中提出，但是直到次贷危机之后才被金融界重视。本书对宏观审慎监管的历史演进做出了以下梳理。

一直以来，金融界对宏观审慎监管的研究都处于探索阶段，直到2008年国际金融危机的爆发，使宏观审慎监管备受重视，成为全球金融监管改革的焦点。2009年成立了金融稳定理事会（FSB），是专门负责宏观审慎监管的国际组织，

表 3-2　对宏观审慎监管历史演进的梳理

提出时间	提出单位	会议/文件	主要内容
1979年6月28日	库克委员会	会议内容	"宏观审慎"的首次出现。主要讨论国际银行贷款到期转型的潜在数据收集问题
1979年10月	英格兰银行	项目报告	"宏观审慎"第二次出现。"微观审慎监管可能需要更广范围的审慎考虑——宏观审慎认为市场作为整体所承受的问题不同于单个银行以及微观审慎监管。"
1986年	欧洲货币常设委员会（ECSC）	《当前国际银行业创新》	"宏观审慎"首次在正式文件中出现。报告指出宏观金融体系风险会随金融创新而有所上升，宏观审慎监管有助于金融体系和支付机制的安全和稳健的提高
1992年	欧洲货币常设委员会（ECSC）	《国际银行关系的最新动态》中（《国际清算银行（1992）》的Promisel报告）	"宏观审慎"第二次在正式文件中出现。主要关注金融体系的稳定性，对金融机构和金融市场之间的关系进行宏观审慎监管
1995年	欧洲货币常设委员会（ECSC）	"关于衍生品市场规模和宏观审慎风险计量"的报告	该报告主要关注金融衍生品市场透明度的缺乏、市场功能的集中以及市场流动性问题等方面
1998年	国际货币基金组织	《建立一个健全的金融体系》报告	提出应从微观审慎和宏观审慎两个层面对银行业实施有效监管，并分析了宏观审慎监管的指标
2000年10月	国际清算银行总裁Andrew Crockett	国际银行监管会议	对微观审慎和宏观审慎做出了对比，第一次对宏观审慎监管概念做出较为系统详尽的阐述。认为要实现金融稳定，就必须加大宏观层面的监管
2001年	国际清算银行（BIS）		提出宏观审慎监管的定义
2003年	Borio		指出宏观审慎与微观审慎侧重点不同，微观审慎侧重于对单个金融机构的监管，而宏观审慎则需要考虑对整体经济的影响，通过防范系统性风险降低金融对宏观经济的影响

资料来源：笔者根据相关资料整理。

该组织成立后对加强宏观审慎监管，降低系统性风险具有重要作用。金融稳定理事会的成立表明宏观审慎监管开始发挥重要作用。

在我国，宏观审慎监管于2010年10月在党的十七届五中全会被正式提出，并纳入"十二五规划"，会议指出要构建逆周期的金融宏观审慎管理制度框架，为推进我国金融管理改革指明了基本方向。此后，我国"十三五"规划建议中指出，要建设宏观审慎管理制度，完善我国的金融监管构架，不断适应经济与金融的发展。由此可见，次贷危机后国际和国内都加强宏观审慎监管，使其在维护金融稳定方面发挥更大的作用。

第二节　宏观审慎监管的理论基础

次贷危机的爆发，引起理论界对金融监管理论进行新一轮的热议与思考，尤其从不同视角对宏观审慎监管基础理论进行探讨。本节内容试图对宏观审慎监管的基础理论做出系统性梳理。

一、古典经济学理论与信息不对称理论

次贷危机前放松金融监管的观念很大程度上受有效市场假说影响。危机之前，金融监管一直遵循着新古典经济学理论，而新古典经济学以亚当·斯密"看不见的手"为理论依据，主张发挥市场自由调节的功能，反对政府过多干预。

"理性经济人假设"是新古典经济学的核心，该假设认为经济人做出选择的目的是追求个人效用的最大化。按照新古典经济学的理论，市场总是有效的，投资者都是理性的，市场总是处于一个瓦尔拉斯均衡状态之中，市场价格总是能充分反映一切可以获得的信息。也就是说，在金融市场上，要想减少金融监管，更多地让市场机制发挥作用，是需要满足一定的前提条件的，主要包括：正确的市场价格信号、市场竞争的优胜劣汰得以实现、不需要对金融创新进行监管。

但在现实的金融市场中，"经济人假设"并不存在。个体行为不一定满足经济人假设，投资者并非都是理性的，金融市场总是不完善的，市场当中的信息也总是不完全和不完整的。金融机构会由于信息不对称而产生道德风险和逆向选择，尤其在资本市场和复杂衍生品市场当中，由于信息不对称，使投资者处于劣势，在市场交易中承担更大的风险。信息不对称导致市场失灵，对金融市场稳定性造成影响。因此，需要加强对投资项目的监管和借款者资金使用情况的监督。

按照这样的理论，如果投资者加大对金融机构的监督，在一定程度上有助于系统性风险的降低。但是由于信息不对称的普遍存在，投资者利用自身所掌握的信息并不能完全实现对市场的监督。即便是单个市场主体能够从事理性行为，整个市场主体也不一定能够做到理性。因此，既然不具备新古典经济学成立的假设前提，让市场自由调节，减少政府干预的监管也就无法成立，所以应该对金融监管进行重新调整和认识。

二、新凯恩斯主义的全面回归与新自由主义

1929~1933 年西方国家的经济危机成为资本主义发展史上最严重的一次灾难。在这种形势下，以充分就业为假设前提的古典经济学无法提出解决经济危机的对策。1936 年 2 月凯恩斯出版了著名的《就业、利息与货币通论》(简称《通论》)，标志着以解决失业，促进经济增长为目标的凯恩斯主义诞生。凯恩斯从管理总需求入手，主张政府进行干预，鼓励使用财政政策促进产出增长，解决失业问题。美国的罗斯福政府与英国政府均按照凯恩斯主义理论扩大了政府支出，使各自经济得到恢复。凯恩斯主义运用总需求理论帮助资本主义度过了经济危机，在"二战"后的一段时间，西方国家经济稳定增长，失业率降低。

但是在 20 世纪 70 年代，随着石油危机的爆发，西方国家面临严重的经济停滞与通货膨胀并存的现象，此时凯恩斯主义过分追求总需求的主张无力解决这些问题。这样的背景下，"新供给学派"开始登上历史舞台。尤其是以美国经济学家拉弗（A. Laffer）、万尼斯基（J. Wanniski）、吉尔德（G. Gilder）等为代表的供给学派，提出以增加供给为核心的经济政策，并催生了"里根革命"和"撒切尔新政"。而 Krugman（2008）曾指出，对次贷危机产生原因深入分析后，明确地指出里根执政时期是这一理论的重要转折点。[①] 原因在于里根 1981 年就任美国总统后，采取了大幅度减税措施来推动企业发展，对部分行业解除管制、缩减社会福利以及减少政府对经济活动的干预以实现自由贸易。通过这些措施，有效缓解

---

① Paul Krugman, The Return of Depression Economics and the Crisis of 2008 [M]. W. W. Norton & Company, NewYork, 2008（12）.

了美国的"滞胀"问题，但也产生了一系列负面效应，如联邦政府出现巨大的财政赤字，导致美国成为全球最大的债务国。随后的20世纪末21世纪初许多国家爆发了金融危机，如1994年的墨西哥金融危机、1997年的亚洲金融危机以及2002年拉美金融危机都表明新自由主义存在诸多不足。例如，新自由主义推崇最大限度减少政府干预，追求过度自由化，造成发达国家金融监管放松，虚拟经济过度发展。2008年次贷危机的爆发与新自由主义推崇的过度自由化有很大关系。危机过后，各国相继出台的政策以及对金融监管的改革，都表明新凯恩斯主义的全面回归，凯恩斯主义推崇的国家干预思想在此次金融危机后成为理论界的主流。

三、金融脆弱性理论

金融脆弱性是指金融制度、金融系统出现非均衡导致的风险积聚，金融体系丧失部分或全部功能的金融状态（伍志，2002）。一般来说，如果金融资产价格波动异常，或是由于金融机构债务沉重导致的资产负债结构发生变化，就会使金融机构或金融体系变得脆弱，在外部经济冲击下可能会遭受损失，并且对宏观经济产生影响。由于资产价格波动频繁，会加剧金融体系的脆弱性，因此金融监管部门应该加大金融监管，减少外部冲击对金融体系产生的影响，维护金融稳定。

金融脆弱性理论是凯恩斯主义对古典经济学中以市场自由调节为观点的理论进行的挑战，在主张市场自由调节的过程中，使得金融体系内部脆弱性加强，如果此时缺少外部监管，则容易引发金融危机。此外，信息经济学等理论的发展也对金融监管理论的完善起到推动作用。在凯恩斯主义的理论指导下，中央银行被赋予了更多的职能，即除了原先的管理货币、支付清算等职能，更加注重对金融机构和金融市场的监管职能。

（一）经济周期说

早期的研究认为导致金融脆弱性的原因是商业周期的波动（Karl Marx, 1894；T. Veblan, 1904），经济繁荣与萧条会直接影响到信贷需求，也就是说金融体系的波动会受到经济周期的影响，从而导致金融脆弱性加剧。

1932年欧文·费雪在《繁荣与萧条》一书中首次提出"债务—通货紧缩"理论

来解释大萧条，认为经济大萧条是由企业过度负债所导致的。他认为，在经济处于繁荣阶段时，企业家为了追求利润最大化会导致过度负债，而一旦经济处于萧条时期，企业家为了偿还债务必须降价销售产品而导致物价水平下降，最终将会引发通货紧缩。该理论认为在这个过程中，货币当局应该发挥其重要作用，即采取收缩政策，降低预期资本的边际效率。

(二) 金融不稳定假说

美国经济学家海曼·P.明斯基（Hyman P. Minsky，1985）提出的"金融不稳定假说"开创了金融脆弱性理论研究的先河。一方面，明斯基继承了经济周期说的观点，认为经济周期性波动是引发金融危机的原因。另一方面，他提出了金融体系的内在不稳定性是与生俱来的，这与商业银行等金融机构的经营特征分不开，而这一内在不稳定性是金融危机产生的更重要的因素。从某种意义上讲，由于金融体系具有的这种脆弱性和内在不稳定性，如果经济中存在信用膨胀，投机性会加剧，就会通过金融体系反馈到宏观经济当中，加速经济的波动性。

对明斯基的金融脆弱性理论进行了完善和进一步发展的是金德尔伯格。他在金融脆弱性理论的基础上引入了非理性行为，而这种非理性行为在实践中对金融脆弱性具有推动作用。金德尔伯格承认理性投资者的存在，但是投资者的理性行为也会受到一些非理性的影响，例如，常见的示范效应、棘轮效应和攀比效应等。也就是说理性的投资者也会在经济繁荣时期盲目跟风，也会因收入水平下降而暂时无法调整消费习惯，或者会因为受到他人影响而增加对某种商品的需求。而这种非理性行为往往在股市上表现非常突出，加剧股市的泡沫或持续低迷。

(三) 金融机构风险传染说

由于金融机构特殊的经营性质，导致资金的流动非常频繁。金融机构之间的资金业务往来大多在同业拆借市场进行，并且金融机构之间的同业拆借基本上依靠信誉，无需担保品。在同业拆借过程中，如果一家金融机构因为某些原因导致违约，其他的金融机构势必会受到牵连，可能引发系统性风险。这种金融风险在金融机构之间的传染和扩散，也会导致本身具有的脆弱性进一步加剧，对金融体系产生影响的同时，也会对投资者造成影响，甚至影响到整个宏观经济的稳定。

金融机构风险传染的根本原因在于银行的高负债经营模式。金融机构是特殊的负债经营机构，自有资本较低而负债较高，风险承受能力较弱。金融机构负债率较高，特别是短期债务占比较高，再加上金融机构的变现能力较低，影响到弥补债务的能力。如果出现财务危机，金融机构需要出售部分资产补充流动性，这一行为会影响资产价格，从而影响到单个金融机构的正常运行。单个金融机构主要通过信贷渠道和信息渠道将风险传染给其他金融机构，造成整个金融体系出现危机。Calomiris（2009）认为源于一家银行的流动性危机会通过银行间借贷将风险传导至其他金融机构，并且损失效应在传导过程中不断扩大。此外，由于信息不对称，投资者无法判断金融机构经营不善给自己带来的损失，所以无论金融机构经营状况如何，都会选择收回资金（Manz，2010），这会对金融机构产生更大的影响。因此，有必要对金融机构进行监管。

四、次贷危机后宏观审慎监管的理论基础

次贷危机后，金融市场的系统性风险和投资者的非理性行为表现更突出，理论界更多地从行为金融学的角度对宏观审慎监管进行探讨。

（一）"动物精神"

最早提出"动物精神"这一概念的是凯恩斯，是解释大萧条和经济危机的重要概念。凯恩斯认为，在市场充满不确定性，投资者对市场前景难以把握的情况下，投资行为会受到情绪和心理影响，以及来自人内心的可被称为"动物精神"的本能所影响。诺贝尔经济学奖获得者阿克罗夫和希勒对"动物精神"的概念比凯恩斯的更加宽泛、更加系统，他们认为现代市场经济对信心的依赖比过去任何时候都强。而通常投资者并不总是处于理性行为，一旦对市场丧失信心，贪婪、诱惑、忌妒等内心情绪战胜理性，不但会影响个人决策，还可能因为个人的不理智引发市场恐慌，破坏价格机制正常运行，导致整个市场动荡不安。因此对投资者行为的研究也显得越来越重要。

（二）"羊群效应"

"动物精神"有可能引发"羊群效应"。投资者的思想和行为比较容易受到外界的影响，尤其是在不确定的市场中，对市场和产品缺乏了解，在自己无法做出独立判断的时候，投资者往往会倾向于跟随市场领头人的行为。在这种信息不断

传递的过程中,将造成从众心理导致投资者的行为趋同。在市场面对外部冲击时,会产生集体性恐慌和集体非理性行为,从而更加剧市场的波动和不确定性。

(三) 网络风险理论

宏观审慎的核心是防范系统性风险。系统性风险其中一个重要来源就是空间维度的网络风险,即大型金融机构之间的相互关联和共同行为引发的风险。

网络风险关注金融机构、金融市场和金融工具之间的相互作用,主要有金融传染风险和宏观冲击风险两种(王力伟,2010)。金融传染风险是一个金融机构陷入经营困境,可能通过资产负债表的相关性和行为反应传导至其他金融机构。Allen 和 Gale (2000) 认为市场结构对金融危机的传播有一定影响。如果银行间市场是完全的,初始冲击将会有所减弱(见图3-1)。

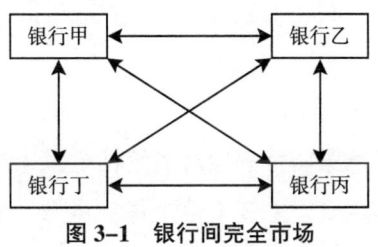

图3-1 银行间完全市场

如果银行间市场是不完全的,则相关性不同,风险传染方式也不同。银行间市场完全不相关的情况下,金融风险只发生于违约市场中(见图3-2);而完全相关的情况下,银行之间通过借贷关系间接相关,从而形成多米诺骨牌效应(见图3-3)。

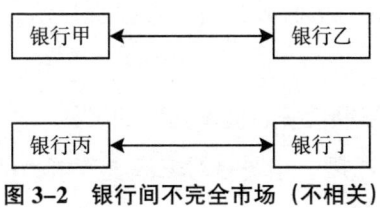

图3-2 银行间不完全市场(不相关)

宏观冲击风险是指金融体系遭受到外部冲击而产生的负面影响。即使单个金融机构的个体性风险被分散,不同金融机构行为的趋同性也有可能增加共同风险,导致系统性风险增大。网络风险理论强调的是风险在金融机构间的传播,因

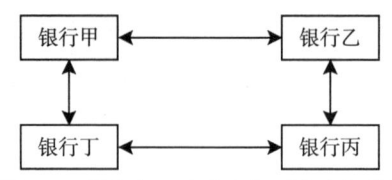

图 3-3　银行间不完全市场（完全相关）

此宏观审慎监管也应该关注金融机构之间的风险传播。

综上所述，随着经济金融的发展，金融监管理论也在不断完善，对宏观审慎理论的梳理可以为我国新形势下的金融监管提供理论依据，有一定的借鉴意义。

第三节　宏观审慎监管工具

宏观审慎监管工具是用来防范和应对系统性金融风险的工具，主要包括传统的微观审慎工具和新政策工具。宏观审慎工具旨在降低金融失衡的累积、降低金融系统性风险程度以及对实体经济的影响，并对诸如风险敞口、风险传染和风险溢出相关性等导致金融体系不稳定的因素进行识别和监管，以达到限制系统性风险的目的。

一、国际上常用的宏观审慎工具

根据 IMF（2011）① 对 49 个国家的调查报告显示，常用的宏观审慎监管工具有：

（一）与信贷相关（限制信贷过度增长）的工具

贷款价值比（LTV）上限，主要是对家庭贷款能力的限制，由于房价与基于房屋抵押价值的家庭贷款能力是顺周期的，因此使用 LTV 上限可以对抵押贷款

---

① IMF. Macroprudential Policy：An Organizing Framework-Background Paper [R]. 2011.
IMF. Macroprudential Policy：An Organizing Framework [R]. 2011.

表 3–3　宏观审慎常用工具介绍

工具类型	工具介绍
与信贷相关的工具 （限制信贷过度增长）	贷款价值比（LTV）上限
	债务收入比（DTI）上限
	控制信贷规模或增长上限
	外币贷款上限
与流动性相关的工具 （控制金融体系流动性）	外汇净敞口（NOP）限制或货币错配
	期限错配限制
	准备金制度
与资本金相关的工具	逆周期资本要求
	动态准备金制度
	限制盈余分配

资料来源：笔者根据 IMF（2011）整理。

的顺周期性起到一定的限制作用。LTV 的逆周期动态调整对防范系统性风险更为有效。

债务收入比（DTI）上限，即债务与贷款人收入比。单独使用 DTI 上限，可以有效确保银行资产质量。当 DTI 与 LTV 联合使用时，即对家庭贷款能力进一步限制，能更进一步限制抵押贷款的顺周期性。同样地，对 DTI 进行逆周期调整，对防范系统性风险效果更加显著。

控制信贷规模或增长上限，使用这一工具对时间维度和截面维度的系统性风险都比较有效。具体来说，时间维度的系统性风险主要针对银行业总信贷规模，对总信贷规模或总信贷增长率的限制，有助于降低信贷及资产价格的周期性波动；截面维度的系统性风险是针对某一行业信贷规模的限制，如对房地产行业实施信贷上限，有助于控制特定资产价格上涨或者限制对特定风险的共同暴露。

外币贷款上限，倘若没有对冲汇率风险，外币贷款使借款人面临外汇风险，而同时又使贷款人面临信用风险。为了防范系统性风险，可以使用这一工具，将存款要求和风险权重提高。

（二）与流动性相关（控制金融体系流动性）的工具

外汇净敞口（NOP）限制或货币错配，这一工具主要限制银行对外币风险的共同敞口。同时，外汇净敞口限制还可以降低由于银行集中购买或销售外汇导致的汇率波动对经济造成的影响，也会降低这种影响所带来的那些没有对冲汇率风险的借款人面临的信用风险。

期限错配限制，金融机构若存在期限错配，其短期负债偿付能力就会受限，在金融危机时，有可能被迫清算资产，资产减价销售，由于风险在金融体系间相互传染极有可能引发流动性危机。期限错配的限制就是要减轻资产负债期限不匹配而产生的外部性，从而有效应对系统性风险。

准备金制度，这一工具原本属于货币政策工具，但由于可以应对系统性风险，因此也被称作宏观审慎监管工具。准备金制度可以影响时间维度的系统性风险，由于准备金制度会影响信贷增长，从而影响信贷和资产价格周期；同时，准备金的提取可以提供流动性缓冲，对缓解系统流动性危机有一定效果。

（三）与资本金相关的工具

逆周期资本要求，《巴塞尔协议Ⅲ》明确提出了针对时间维度系统性风险的工具。在最低资本要求的基础上，逆周期的计提额外资本，在经济上行时提高资本金要求限制信贷过度扩张，在经济下行时降低资本金要求提供缓冲，从而减轻金融周期对经济周期的冲击。逆周期资本要求在信贷急剧扩张可能引发系统性风险时，为银行业提供保障，避免银行业遭受信贷冲击所带来的负面影响。

动态准备金制度，金融危机之后提出的在现有贷款损失准备框架下引入动态概念。动态准备金制度逆经济周期而行，在经济繁荣时期提高准备金要求，以提高未来抵御风险的能力；在经济下行时，降低准备金要求支持信贷增长，在一定程度上熨平经济的周期性波动，平滑经济周期对金融体系的冲击。

限制盈余分配，这一工具能够影响银行的资本充足率，盈余未分配部分会纳入银行资本，在经济下行时会对银行贷款产生逆周期影响。

二、宏观审慎工具组合及使用情况

宏观审慎监管包括时间维度和截面维度，因此，宏观审慎监管工具也可以划分为时间维度和截面维度下的工具，可以进一步把时间维度下的工具划分为经济繁荣时期的工具和经济衰退时期的工具（刘志洋、宋玉颖，2016）。Claessens

等（2014）对宏观审慎工具的组合进行了分析，并划分了四种类型（见表3-4），其中，与借款人相关的工具旨在控制需求因素，其余三类工具旨在控制供给因素；前两类工具是要降低金融顺周期性，后两类工具则主要维护金融体系的稳定性。

表3-4 时间与截面维度下宏观审慎工具的组合

维度	工具	与借款人相关的工具	与金融机构资产负债表相关的工具	逆周期调控工具	其他制度性工具	
					税收	相关制度与体系的建设
截面维度		对资产结构的约束	限制金融机构的风险敞口	对系统重要性金融机构计提资本	对规模、网络结构外部性进行征税	中央交易对手的设立，建立危机救助机制，加快建设信息披露制度
时间维度	繁荣时期	LTV、DTI，控制信贷规模及投放，调整交易准备金和折扣率	控制期限错配与货币错配，运用准备金制度	逆周期资本计提、杠杆率控制、动态准备金制度	提高对特定金融活动的税率	红利分配制度，盯市制度，加强市场纪律建设等
	萧条时期	LTV、DTI，调整交易准备金和折扣率	流动性覆盖率（LCR），净稳定融资比率（NFSR）	释放逆周期资本，释放动态准备金	降低税率	标准化产品，维护金融安全

资料来源：笔者根据Claessens等（2014）整理。

至于宏观审慎工具的选择，C. Lim等（2011）做出较为全面的分析，得出宏观审慎工具的使用与国家经济和金融发展程度、汇率制度以及外界冲击（如资本流动情况）有关（见图3-4、图3-5、图3-6）。

从金融发展程度来看，金融部门规模较大的国家对宏观审慎三种类型的工具使用相对较少，而在三种工具中使用较多的是与信贷相关的工具。金融部门规模较小的国家三种工具使用较多，尤其是与流动性相关的工具，说明金融发展程度较低的国家更需要使用宏观审慎工具来应对金融风险，尤其是流动性风险（见图3-4）。

由于汇率制度不同，导致固定汇率制和浮动汇率制国家对宏观审慎工具的使用情况也不同，固定汇率制国家更倾向于使用三种类型的宏观审慎工具。根据克鲁格曼提出的"三元悖论"，在资本自由流动趋势增强的情况下，选择实行固定汇率制度就意味着必须放弃货币政策的独立性，由于利率政策受限，随着资本流

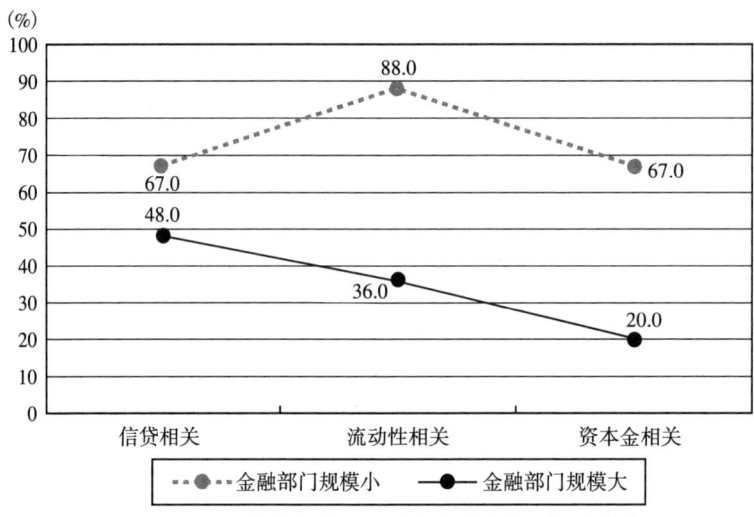

图 3-4 金融发展程度① 不同对宏观审慎工具的影响

入导致的信贷增长，固定汇率制国家大多会采取与信贷相关的工具来进行调节。因此，固定汇率制国家更多倾向于使用与信贷相关的工具。同时，为了规避资本流入带来的外汇风险，也会采取类似 NOP 限制等与流动性相关的工具，导致两种不同汇率制度下，信贷相关与流动性相关的工具差距较大（见图3-5）。

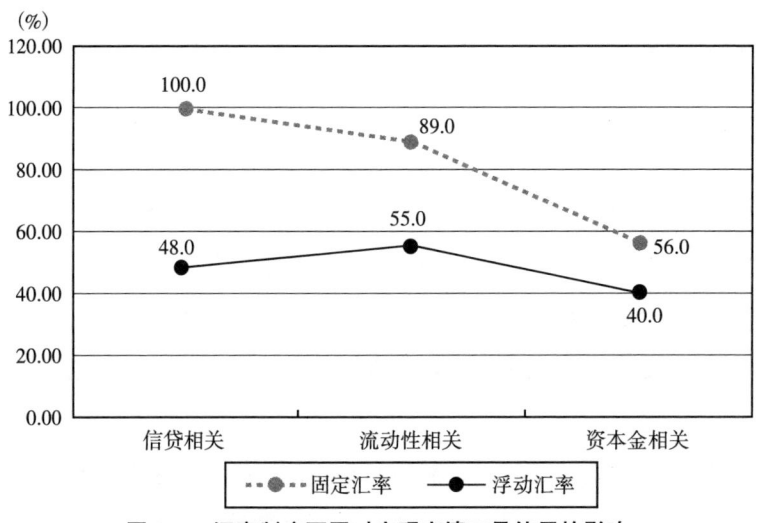

图 3-5 汇率制度不同对宏观审慎工具使用的影响

---

① 金融发展程度衡量指标：信贷规模/GDP，该指标高于中位数的国家被称为金融部门规模大的国家，反之则为金融部门规模小的国家。

资本流动也是影响宏观审慎工具使用的重要因素。从图 3-6 可以看出，除与信贷相关的工具使用情况比较接近之外，资本流动规模大的国家更多地使用宏观审慎监管工具，尤其是流动性相关的工具使用较多。对于资本流动规模较大的国家，资本流入对本国金融部门产生的影响较大，为了减轻资本流动带来的影响，一方面通过使用与信贷相关的工具（如外币贷款上限）来应对资本流入带来的信贷膨胀，另一方面这些国家会使用与流动性相关的工具（如 NOP 限制等）来降低资本流入的影响，通过使用宏观审慎工具应对系统性风险。

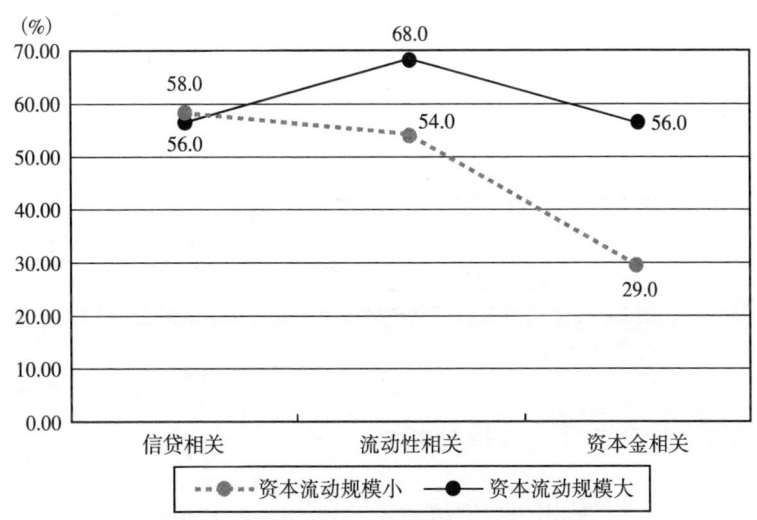

图 3-6　资本流动① 对宏观审慎工具的影响

此外，一国的金融组织结构、金融制度以及银行业的组织形式等因素也会影响宏观审慎工具的选择。Claessens、Ghosh（2012）认为由于新兴市场国家的风险敞口冲击和风险结构性、体制和金融市场等特点，往往会放大金融和实体经济部门的周期，因此，他们使用宏观审慎监管工具的频率更高。另外，由于新兴市场国家往往更关注动荡的资本流入和系统性流动性风险，因此他们特别倾向于与流动性有关的相关政策工具（外汇净敞口限制，准备金制度等）；而发达国家

---

① 衡量指标：净资本流动/GDP，该指标大于中位数的国家被称为资本流动规模大的国家，反之则为资本流动规模小的国家。

更关心的是由强劲的信贷增长和资产价格膨胀产生的风险，或过度的杠杆和伴随着去杠杆化产生的风险，因此倾向于选择更多的与信贷相关的措施（见图3-7）。

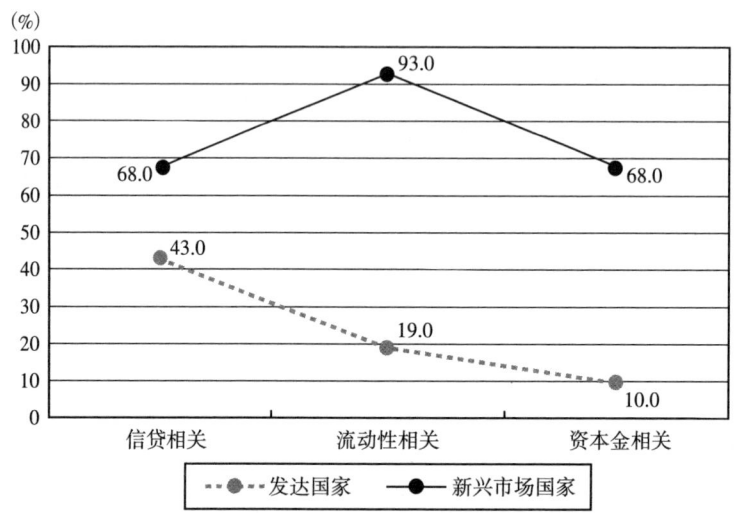

图3-7 发达国家和新兴市场国家宏观审慎工具的使用

资料来源：Claessens 等（2012）。

三、宏观审慎工具有效性分析

虽然次贷危机之后使用宏观审慎监管工具的国家开始增加，并且使用频率也越来越高。但由于宏观审慎监管在本轮金融危机之后才被重视并广泛运用，研究实证所需要的理论模型与基础数据比较缺乏，为宏观审慎工具有效性评估带来一定的困难。近年来，经过学术界的努力和一些国家的实践经验，仍然能够给我们一些启示。C. Lim 等（2011）通过实证分析，得出可以缓解顺周期的工具有：LTV、DTI、信贷增长上限、准备金制度和动态拨备。有助于降低共同风险敞口的工具有：NOP 限制或货币错配、期限错配限制等。国际货币基金组织（IMF）（2012）从信贷增长、房价上涨和国际资本流动等方面研究了宏观审慎工具对金融脆弱性的作用，以及对实体经济的影响，得出准备金制度、逆周期资本要求对抑制信贷增长较为有效，而准备金制度应对实行浮动汇率制的新兴市场国家的资本流入方面效果显著。Kuttner 等（2013）研究了宏观审慎工具对房地产价格和贷款方面的影响，得出的结论显示住房贷款快速增长与 LTV、DTI、房地产风险敞口限制和房产税有很大关系。

按照前面我们介绍的宏观审慎工具分为：与信贷相关的工具、与流动性相关的工具以及与资本金相关的工具，接下来分别针对三种类型的工具对其有效性进行分析。

（一）与信贷相关工具的有效性

各国使用频率较高的与信贷相关的工具是 LTV 上限和 DTI 上限。Dell'Ariccia 等（2008）发现与贷款资格标准相关的工具能够有效遏制贷款的恶化。次贷危机前后，许多国家通过引入 LTV 和 DTI 限制对本国房地产市场进行调控，取得了一定的成效（见表 3–5）。

表 3–5　部分国家对房地产市场的调控

国家或地区	主要操作方式	实施原因与效果
1995 年马来西亚	引入 LTV	目的是抑制资产价格泡沫
1998 年中国香港	引入 LTV 和 DTI 限制	金融危机后有助于银行体系的恢复
1999 年哥伦比亚	LTV 限制在 70%，DTI 限制在 30%	主要目的是降低违约风险和不良贷款率
2003 年、2004 年泰国	引入 LTV 和 DTI	目的是抑制房地产市场的顺周期性
2002 年、2005 年韩国	引入了 LTV 和 DTI 限制	成功阻止了对房地产市场的投机行为
2007 年意大利	引入 LTV 工具	主要目的是抑制房地产市场的周期性
2010 年新加坡	引入 LTV	主要目的是维护房地产市场的稳定
2010 年第三季度中国香港	细化 LTV 和 DTI 限制	主要目的为应对房价上涨

资料来源：笔者根据 Wong 等（2011）、Igan 和 Kang（2011）整理。

（二）与流动性相关工具的有效性

次贷危机之后要求金融机构持有一定数量的流动性缓冲，即要求金融机构持有优质流动资产来应对短期之内的流动性需求。与流动性相关的工具较多，除 NOP 限制或货币错配、期限错配限制、准备金制度之外，还包括盯住融资的估值方式（Mark-to-Funding）、限制金融机构之间的风险敞口、动态流动性要求、跨境负债管理等。2013 年巴塞尔银行监管委员会推出了如流动性覆盖比率（LCR）和净稳定融资比率（NSFR）等流动性监管工具。有关流动性缓冲实施效果的实证证据较少,现有的研究大多停留在模拟推导和反事实模拟层面,大部分研究认为,流动性缓冲监管在具体执行过程中仍然需要进一步细化和完善(张雪兰、何德旭,2014)。

BCBS(2010)认为提高最低资本要求和流动性要求对经济效益的长期增长有效,而这些效益是由于提高资本要求和流动性要求之后,金融危机发生的可能性降低以及相关损失减少所带来的。Montoro 等(2011)对拉美国家宏观审慎监管工具进行分析,发现准备金工具在抑制银行信贷顺周期性以及控制资本流动性方面效果显著,Tovar 等(2012)也得出了类似的结论。

(三)与资本金相关工具的有效性

资本金相关工具主要用于危机的缓冲,西班牙较早就引入动态贷款损失拨备,经过实践与调整证明该措施在危机期间对加强银行的偿付能力起到一定作用,但是对信贷增长的影响不大。由于拨备规模的提取取决于历史时间序列,因此可能会导致拨备提取较少。如 Jiménez 等(2012)发现在金融危机期间,西班牙银行提取的动态拨备大约只够 2008~2009 年贷款损失的一半。逆周期动态拨备这一工具经过一些国家的使用,也取得一定成效。如巴西引入这项工具调节失衡造成的损失,同时为了抑制汽车行业的贷款需求,将此项工具与汽车贷款的 LTV 配合,并取得了不错的效果。哥伦比亚为了控制信贷规模,减少金融体系顺周期性,也引入了该项工具进行调节(姜华东,2015)。

总体来说,通过一些国家对上述三类工具进行的实践和改革,可以看出与信贷相关的工具,尤其是 LTV 上限和 DTI 上限可以有效减缓信贷与房地产行业顺周期;与流动性和资本金相关的工具,如准备金要求、动态准备金制度等对减少金融体系顺周期性以及减少危机带来的影响方面能起到一定的作用。

第四节 国内外宏观审慎监管的改革与实践

次贷危机暴露出原有金融监管方式的不足,因此国际金融组织和世界主要国家开始重构金融监管框架,加强宏观审慎监管。

一、主要发达国家宏观审慎监管的改革措施

(一) 欧盟金融监管体系的改革

欧盟于 2010 年成立了金融监管体系 (ESFS),该监管体系中的核心机构是负责对欧盟实施宏观审慎金融监管的欧洲系统性风险委员会 (ESRB),ESRB 成立于 2010 年 12 月。ESRB 的决策机构为一般委员会,辅助决策机构为督导委员会,技术咨询委员会和科学咨询委员会,为 ESRB 提供建议、咨询和帮助,秘书处由欧洲中央银行组建,并对 ESRB 主席和督导委员会负责。同时,ESRB 还与其他监管机构保持密切联系和合作:一方面与欧洲银行监管局 (EBA)、欧洲保险与职业养老基金局 (EIOPA)、欧洲证券和市场监管局 (ESMA) 相互配合,共同维护金融市场的稳定;另一方面 ESRB 还负责协调欧洲央行和成员国央行之间的关系,保证宏观审慎政策的实施。

近年来,ESRB 加强对成员国主权债务风险的监测和评估,指导欧盟监管部门继续实施宏观审慎政策,加强宏观审慎工具的使用,发布其他系统重要性金融机构评估指引,建立欧盟共同存款保险机制,有效推进宏观审慎监管的实施。

(二) 美国金融监管体制改革

美国政府在 2009 年 6 月 17 日颁布了新的金融监管改革方案:《金融监管改革——新基础:重建金融监管》,强调了美国政府在处理金融危机中的核心地位。为解决危机中暴露的监管问题,维护金融体系的稳定,美国采取了一系列措施,包括:对次贷危机前的"双线多头"监管模式进行调整与改革,并成立了金融稳定监管委员会 (FSOC)(见图 3-8);《金融监管改革——新基础:重建金融监管》还建议成立金融服务监督理事会,重点为解决监管过程中的重复监管和缺位监管的问题。金融服务监督理事会主要包括:证券交易委员会和住房金融管理局;同时美国还成立了消费者金融保护局,其目的是保护金融消费者的权益。

另外,在美国金融监管体制改革过程中不断强化美联储的监管职能,监管范围也有所扩大,在原来监管州会员银行和银行控股公司的基础上,已经扩展到对储蓄和贷款控股公司的监管。同时,为防止金融机构过度追求风险,美联储还加

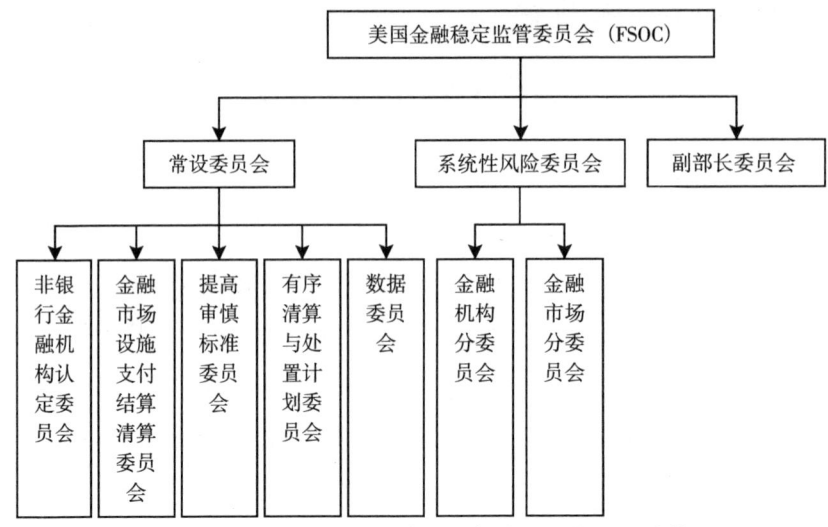

图 3-8　美国金融稳定监管委员会（FSOC）组织结构

强对金融机构高管薪酬的监管。此外，在强化和扩大美联储监管权限的同时，也会对美联储实施更加严格的监督与管理。

近年来，美国继续开展对系统性风险的监测和评估，提高系统重要性金融机构的监管标准，加大对金融市场透明度的监管，并对紧急贷款权力适当约束。

（三）英国金融监管框架的重构

次贷危机使英国金融业遭受重创，2010年开始英国政府对金融监管体系进行改革，经过一系列金融监管改革方案意见征求之后，在2011年6月正式发布了《金融监管新方法：改革蓝图》的白皮书，开始了英国的金融监管改革。具体措施有：在英国央行董事会下新设立了专门负责宏观审慎监管的机构——金融政策委员会（FPC）；成立了负责对微观层面的各类金融机构进行审慎监管的机构——审慎监管局（PRA）；新设立的金融行为监管局（FCA），主要职责是负责监督各类金融机构的业务，维护市场竞争秩序，保护消费者利益。从而使旧监管框架下金融服务局（FSA）的权力分别由PRA和FCA承担。英国财政部及财政大臣对整个监管框架负责，并确保公共财政的安全。英国新的监管框架出台，使得金融监管更加清晰，分工合作较为明确，并具有相对独立性，如图3-9所示。

2015年英国对金融监管体系进行全面审视，在进一步深化金融监管体制改革的同时，对宏观审慎政策进行细化，并对银行体系开展压力测试。

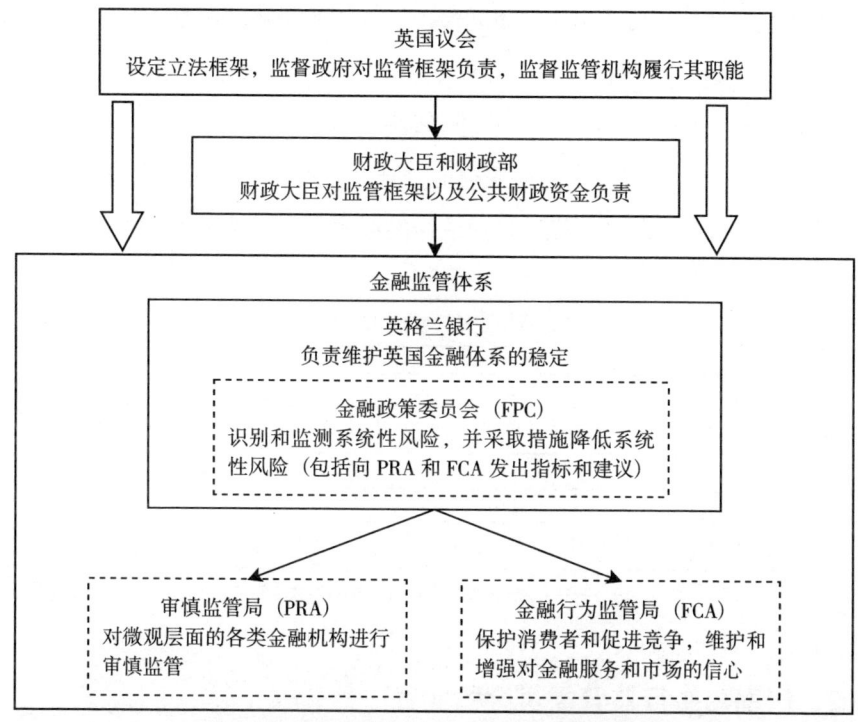

图 3-9 次贷危机后英国金融监管框架的重构

(四) 法国金融监管改革措施

法国的金融监管改革在次贷危机之前就已经开始，金融市场管理局（AMF）作为一个金融市场监管机构，在 2003 年法国议会通过的《金融安全法》中就已经设立，这一机构是由法国原先的三大金融管理机构：金融市场委员会（CMF）、证券交易委员会（COB）和金融管理纪律委员会（CDGF）整合而成的。金融市场管理局（AMF）设立一个理事会和一个惩罚委员会，其中，理事会包含 13 名成员，惩罚委员会包含 12 名成员。

次贷危机后，法国加强了宏观审慎监管，于 2010 年在合并银行业和保险业监管部门的基础上，新设了审慎监督管理局（ACP），组织机构见图 3-10。审慎监管管理局的主要职责包括：维护金融部门的稳定、负责监测信贷机构、金融公司、投资公司、商业机构付款、保险和再保险公司、互助会和互助机构的财务状况及其偿付能力；保护金融消费者权益，对金融机构遵守法律规章情况进行监督，确保消费者权益得到保障；注重加强与法兰西银行及国家相关部门的合作。

同时，由于法兰西银行负责组织和协调银行业、证券业和保险业，在法国金融监管中具有重要的地位，因此在 ACP 成立后，为加强与中央银行的联系，确立法兰西银行的核心地位，法案规定 ACP 委员会主席由法国中央银行副行长担任。ACP 没有独立的法人资格，并接受法兰西银行的监督，同时由中央银行代表其签署文件，履行相关职能，并对其提供帮助，通过法律的形式明确了 ACP 与中央银行的关系。

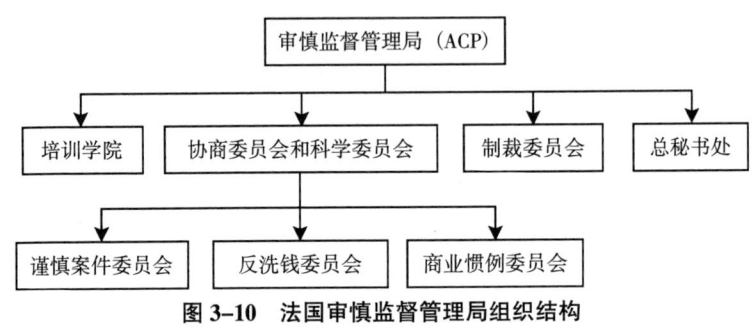

图 3-10　法国审慎监督管理局组织结构

二、巴塞尔银行监管委员会的实践

次贷危机后，巴塞尔委员会（BCBS）对加快银行监管的国际规则进行修订，于 2010 年 12 月正式推出《巴塞尔协议Ⅲ》，进一步强化对资本和流动性的监管，分别对资本要求、杠杆率监管标准和流动性风险量化方面做出进一步要求。

（一）推动《巴塞尔协议Ⅲ》的执行

为了促进各成员经济体及时、全面地实施《巴塞尔协议Ⅲ》，巴塞尔委员会对成员国分三个层次进行评估：分别是对成员经济体监管立法进度的评估；对成员经济体监管标准与巴塞尔协议一致性进行的评估；对成员经济体执行监管标准结果一致性进行的评估。

巴塞尔委员会于 2015 年 10 月发布的执行进展报告显示，所有 BCBS 成员经济体均已执行《巴塞尔协议Ⅲ》的风险资本要求，绝大多数成员经济体已执行 LCR 要求，19 个成员经济体已执行杠杆率要求，以 G-SIBs 母国[①]为主的 20 个成员

[①] 当前 G-SIBs 的母国有：中国、美国、法国、德国、意大利、荷兰、西班牙、英国、日本、瑞士和瑞典。

经济体已发布 G-SIBs 监管要求。

（二）强化杠杆率监管

2013 年 6 月，BCBS 发布《修订后的杠杆率和披露要求（征求意见稿）》，重点对银行风险敞口的计量进行了完善，明确对会计并表和监管并表范围内以及范围外的投资、衍生品和抵押品以及证券融资交易风险敞口的计算方法，并要求银行必须公开披露其杠杆率信息，包括会计资产和杠杆率风险敞口的对比信息、主要杠杆率指标的分解分析等。

（三）提高风险管理标准

2013 年 3 月，BCBS 发布《大额敞口计量与控制监管框架（征求意见稿）》，提高银行的风险集中度管理能力。将大额风险敞口的交易对手范围扩展至借款企业，包括银行、证券、基金和信托等金融机构在内的所有第三方交易对手以及集团内部交易对手，增加了对银行账户和交易账户的场外衍生品、证券融资交易、基金、证券化产品和其他结构性金融产品的风险敞口限制，明确单一交易对手或一组关联对手方的风险敞口不得超过一级资本（或核心一级资本）的 25%，确保银行在交易对手违约的情况下能够最大限度地控制损失。

（四）继续完善宏观审慎政策框架

2015 年《巴塞尔协议Ⅲ》政策框架进一步完善：第一，修订信用风险标准法和内部评级法，对内部模型的使用施加限制，以降低风险加权资产计量差异性；第二，修订完成市场风险框架，并开展定量影响测算；第三，简化操作风险资本计量框架，取消操作风险高级法，基于银行业务收入和操作风险历史损失制定标准计量法；第四，完成杠杆率的最终校准，探讨是否应对全球系统重要性银行设置更好的杠杆率要求；第五，开展资本下限的研究制定工作。

三、金融稳定理事会的实践

（一）加强对系统重要性金融机构的监管

2015 年 11 月，金融稳定理事会（FSB）公布了基于 2014 年末数据测算的 G-SIBs 名单，30 家银行入选（附表 1）。这次名单更新后，中国建设银行入选系统重要性金融机构，至此，中国工商银行、中国农业银行、中国银行和中国建设银行入选系统重要性金融机构。名单更新后，入选的 G-SIBs 将于 14 个月后的 2017 年 1 月实行更高的资本要求。

(二) 加强影子银行监管

FSB 和标准制定机构 (SSBs) 从五个方面加强对影子银行的监管。第一，降低传统银行与影子银行之间的关联，继续研究扩展影子银行并表范围，将银行表内表外业务同时纳入宏观审慎监管框架。第二，进行货币市场基金 (MMF) 监管改革，逐步推进成员经济体在明确监管范围、限制 MMF 可持有资产种类、估值改革、流动性管理、固定资产净值改革、MMF 行业评级、信息披露、MMF 与回购的关系等八大领域落实改革要求。第三，改善资产证券化的激励机制。2015 年 6 月，BCBS 与国际证监会组织 (IOSCO) 联合发布了《简单、透明、具有可比性的资产证券化判断标准》，提高资产证券化的标准化水平和信息透明度。第四，降低证券融资交易的顺周期性及其他风险。第五，开展除货币市场基金外的其他影子银行实体专题同行评估，监测成员经济体落实政策框架的情况。[①]

四、我国宏观审慎监管的实践

随着我国宏观审慎监管政策的实施，在实践中不断加强宏观调控与金融监管协调与配合。自 2011 年正式引入差别准备金动态调整机制后，在加强宏观审慎管理、促进货币信贷平稳增长，维护金融宏观稳定方面发挥了重要作用。为进一步完善宏观审慎监管框架，发挥逆周期调节作用，更有效地防范系统性风险，2015 年 12 月公布将人民银行研究构建的金融机构 MPA 体系，作为差别准备金动态调整机制的升级，自 2016 年正式开始实施。[②]

MPA 体系在保持宏观审慎政策框架连续性、稳定性的基础上做出改进，主要体现在：第一，MPA 体系更全面和系统，重点考虑以下七个方面：资本和杠杆情况、资产负债情况、流动性、定价行为、资产质量、外债风险、信贷政策执行，通过综合评估加强逆周期调节和系统性金融风险防范；第二，MPA 体系的核心是宏观审慎资本充足率，资本水平是金融机构增强损失吸收能力的重要途

[①][②] 中国人民银行金融稳定小组. 2016 中国金融稳定报告 [R]. 北京：中国金融出版社，2016.

径，资产扩张受资本约束的要求必须坚持，这是对原有合意贷款管理模式的继承；第三，从以往的关注狭义贷款转向广义信贷，将债券投资、股权及其他投资、买入返售资产等纳入其中，有利于引导金融机构减少各类腾挪资产、规避信贷调控的做法；第四，将利率定价行为作为重要考察因素，以促进金融机构提高自主定价能力风险管理水平，约束非理性定价行为，避免恶性竞争，有利于降低企业融资成本；第五，MPA体系更加灵活，有弹性，按每季度的数据进行事后评估，同时按月进行事中事后监测和引导，在操作上更多地发挥了金融机构自身和自律机制的约束作用。

2015年人民银行引入外汇流动性和跨境资金流动，进一步完善了宏观审慎政策框架。首先，通过引入远期售汇风险准备金、提高个别银行人民币购售平盘交易手续费率等方式对外汇流动性进行逆周期动态调节。相关措施实施后取得了较好的政策效果，有效打击了短期套利活动，优化了远期售汇期限结构，抑制了跨境远期套利行为，人民币购售规模也已回正常。其次，以上海自贸区模式为基础构建本外币一体化管理的全口径跨境融资宏观审慎管理框架，面向在上海、广东、天津、福建四个自贸区和相关地区注册的企业以及27家银行类金融机构实施本外币一体化的全口径跨境融资宏观审慎管理政策，将市场主体借债空间与其资本实力和偿债能力挂钩，通过调节宏观审慎参数使跨境融资水平与宏观经济热度、整体偿债能力和国际收支状况相适应，以控制杠杆率和货币错配风险。最后，2016年1月25日起对境外金融机构在境内金融机构存放执行正常存款准备金率，建立了对跨境人民币资金流动进行逆周期调节的长效机制，抑制跨境人民币资金流动的顺周期行为，引导境外金融机构加强人民币流动性管理，促进境外金融机构稳健经营。

第四章 货币政策的理论与实践

货币政策作为世界各国宏观调控最常用的政策之一，在长期的宏观经济管理中取得了显著的成效，但在次贷危机后，世界各国对货币政策进行了反思与调整，使学术界对货币政策有了重新认识。

第一节 金融危机前的常规货币政策调控

全球金融危机前，无论学术界还是监管界通过大量的理论和实证分析对货币政策作用以及传导渠道等方面进行研究，尤其是欧美中央银行通过对历次经济危机的总结，使得货币政策在诸多方面达成共识。这让货币主义者相信他们已经找到最优的货币政策框架体系，货币政策可以指引宏观经济健康平稳发展。

一、金融危机前常规货币政策达成的共识

（一）货币政策理论层面的共识

在货币政策理论层面，Mishkin（2009）[1]将金融危机前西方发达国家形成的货币政策共识概括为以下几个方面：

第一，通货膨胀是一种无处不在的货币现象。通货膨胀与货币增长关系密

---

[1] Mishkin F. S. Is monetary policy effective during financial crises? [R]. National Bureau of Economic Research, 2009.

切，货币供给的增减关系着未来通货膨胀的变动。通货膨胀归根结底就是货币供给的过度扩张，但由于货币市场供给与需求变动性较强，中央银行在控制通货膨胀时无须管理货币总量，只需关注货币供给增长的趋势以及组成部分等情况，制定相应的货币政策。

第二，通货膨胀目标制成为货币政策共识的核心。由于高通货膨胀会导致金融扭曲，提高借贷成本，同时极易引发其他潜在的社会不稳定因素，因此，维护价格稳定对各国来说显得尤其重要，很多国家明确实施通货膨胀目标制，设定中期或者长期通货膨胀目标值。

第三，长期菲利普斯曲线是垂直的。各国都会把菲利普斯曲线作为货币政策的调整工具，短期内调整通货膨胀水平。但在长期来看，由于人们对市场和通胀的预期会不断地调整，使得中长期失业和通货膨胀之间此消彼长的关系消失，菲利普斯曲线是垂直的，货币政策不能影响就业和GDP等真实变量。因此，央行不应该有失业和通胀之间的权衡，通过货币政策调整通胀在长期会失效。

第四，预期对通胀和货币政策的影响。市场预期在通胀决定和货币政策制定与执行过程中具有重要作用。因为通货膨胀在很大程度上反映出经济主体的预期，预期稳定是确保控制通胀的前提，如果不能稳定通胀预期，货币政策执行的效果将会受到影响。

第五，调整实际利率作为对经济实施宏观调控的主要手段。中央银行将利率设定为通货膨胀和产出对其自然水平偏离的函数，即泰勒规则。中央银行通过调整短期利率来稳定通胀缺口与产出缺口，假定经济中受到积极的通胀冲击后，产出缺口增大，中央银行需要提高名义利率，使名义利率高于通货膨胀率，以此达到控制通胀的目标。

第六，货币政策受动态不一致性问题的约束。货币政策执行中必须关注动态不一致性问题。就货币政策而言，实行低通胀是最优的，然而低通胀政策是动态不一致的。[①]根据附加预期的菲利普斯曲线，政府只能通过意外通胀来实现扩大

[①] 如果一项政策在制定阶段是最优的，但在制定之后的实施阶段却不是最优的，这项政策就是动态不一致的。反之，一项动态一致的政策是指在没有新的信息出现的情况下，该项政策不但在制定时是最优的，而且在以后的执行过程中也是最优的。

就业的目的。由于公众预期政府试图利用短期菲利普斯曲线实现扩大就业，增加产出的目的。公众会调整自己的行为，例如，签订工资合同时，会把未来可能发生的较高通胀也考虑进去，结果导致均衡时通胀率较高，而产出和就业仍然维持在自然率水平上。这就说明了按规则行事优于相机抉择地制定政策。

第七，中央银行的独立性有助于提高货币政策效率。中央银行独立性与货币政策效果之间的关系不仅由理论研究表明，大量实践也证明了两者之间的相关效应。中央银行独立性越高，使得政府与中央银行权责的划分越清晰，有助于增加货币政策的透明度，降低政策的不确定性，有利于提高货币政策的效果，中央银行受到政府的干预越少，通货膨胀率就越低。另外公众会根据预期调整自己的行为，监督中央银行的政策执行。因此，中央银行也会更加注重政策的执行与实施，做到按规则办事。

第八，盯住较强的货币政策名义锚有助于增强货币政策效果。建立在理性预期理论和动态不一致性理论基础上的货币政策名义锚，是指能够提供物价水平被唯一确定所必要的条件，能够对中央银行自身对货币政策操作的相机抉择动机及来自于政府的实施膨胀性货币政策压力加以约束，从而在长期内保证物价稳定目标的实现。一个可靠的货币政策名义锚，可以作为保证国内货币价值长期稳定的约束机制，可以稳定公众的通胀预期，削弱货币政策的动态不一致性，降低通胀偏差。

第九，金融摩擦在经济周期中有着重要作用。由于金融市场上信息不对称产生了金融摩擦，导致金融交易进行不顺利，交易成本增加，金融体系不能顺畅完成投融资功能，爆发严重的宏观经济衰退。

(二)"大缓和"时期货币政策取得的共识

Blanchard（2010）总结了20世纪80年代以来的大缓和时期取得的共识包括：第一，稳定通货膨胀作为目标。根据新凯恩斯模型，通货膨胀缺口和产出缺口之间存在"神圣巧合"（Divine Coinci-dence），当通货膨胀稳定时，产出缺口为零，此时货币政策最优。第二，政策利率。中央银行通过公开市场业务等手段控制短期利率，短期利率通过金融市场传导至中长期利率影响投资和消费。①

在"大缓和"背景下主流宏观经济学家们尽管存在不同的流派，但还是形成了货币政策理论新共识，包括采用政策利率作为单一货币政策工具，盯住通货膨胀作为单一政策目标，增强中央银行的独立性，货币政策有用而相机抉择的财政政策缺乏实用性，制定政策时要考虑预期的作用以及保证市场自由、减少金融监管等。

二、货币政策共识的核心——通货膨胀目标制的确立

20 世纪 30 年代的大萧条动摇了自由市场经济理念，克鲁格曼认为，这一时期中央银行不作为使货币政策面对通货紧缩无能为力，凯恩斯主义的财政政策成为宏观调控的主要政策工具。直到 20 世纪 60 年代，弗里德曼（Friedman）和迈泽尔曼（Meiselman）认为货币供应量是经济活动关键性的决定因素，紧缩时期应该增加货币供给。

20 世纪 60 年代货币供给失去约束，通货膨胀日益严重，失业率居高不下，治理通货膨胀成为经济领域的首要议题。以弗里德曼为代表的货币学派对凯恩斯主义提出质疑，他们认为相比名义利率，货币供应量可以更好地解释经济波动和通货膨胀，货币当局应当追求稳定的货币供应增长速度，达到控制通货膨胀的目的。货币政策在 70 年代进入了重要变革时期，这一时期由于石油价格的冲击，通货膨胀高达两位数，学术界对通胀有了更深刻的认识，控制通胀的目标越发强烈，最终确立了货币总量目标制。货币总量目标制包括三个因素：①把货币总量作为货币政策的工具；②宣布中期货币总量目标；③建立防止目标偏离的机制。货币总量目标制建立后，美国、英国、加拿大等国中央银行相继宣布使用货币增长目标。然而，使用货币总量这一名义锚应对通货膨胀的局限性逐渐显现，Mishkin（2007）②认为货币总量目标制要被严格执行，需要满足目标变量（如通货膨胀或名义收入）和货币供应量之间存在稳定的关系这一假设。当货币流通速

---

① Blanchard O., Dell'Ariccia G., Mauro P. Rethinking macroeconomic policy [J]. Journal of money, Credit and Banking, 2010 (42).

② Mishkin F. S. Monetary Policy Strategy [M]. The MIT Press, 2007.

度发生变化时，这种稳定关系难以维持，使用货币总量目标制治理通胀的目标就难以实现，各国央行纷纷放弃货币总量目标制。

20 世纪 90 年代后，新西兰首先采用通货膨胀目标制，随后加拿大、英国、瑞士等国也开始采用这一目标，随后新兴经济体如巴西、南非、韩国等国家也开始采用。通货膨胀目标制主要包括四个方面的内容（Heenan 等，2006）[1]：①追求物价稳定是货币政策的首要目标；②明确的通货膨胀目标值；③央行应保持货币政策制定与执行的透明度；④政策的制定应基于前瞻性的通货膨胀预期。Bernanke 等（1997）[2] 将其定义为一种货币政策框架，政策制定者"相机抉择"的权力受到限制，但是增加了政策的透明度和连续性。IMF（2005）[3] 对该制度的研究显示，在 1990~2004 年，采用货币政策框架的国家通货膨胀率相比其他国家平均低 4.8%，通货膨胀变动率低 3.6%。通过膨胀目标制被采用后，大大提高了货币政策有效性，已经成为货币政策共识的核心。

三、货币政策调控手段——经常性的短期政策利率

20 世纪 90 年代以来，利率逐渐取代货币供应量成为西方国家中央银行"微调"经济充分并有效的货币政策工具，利率在货币政策中的作用也不断增强。中央银行所有的货币政策工具中，短期利率是中央银行能够准确控制、灵活运用的，并且能够通过影响不同期限的利率结构实现对宏观经济的调控。

Taylor（1993）提出的泰勒规则是描述短期利率对通货膨胀和实际产出关系的货币规则，已经成为各国制定货币政策的重要参考依据。泰勒指出中央银行应当以利率作为中介目标，以短期利率为操作目标来保持经济的稳定增长。泰勒规则的基本形式有。

（一）传统泰勒规则

泰勒规则指出，货币当局调整短期利率时需要考虑实际通胀率和目标通胀率

---

[1] Heenan G., M. Peter and S. Roge, Implementing inflation targeting: Institutional arrangements, target design, and communication [R]. IMF Working Paper, 2006 (278).

[2] Bernanke B. S. and Mishkin F. S.. Inflation targeting: A new framework for monetary policy? [J]. The Journal of Economic Perspectives, 1997 (11).

[3] IMF, World economic Outlook [R]. Washington, D. C., 2005.

之间的偏离程度（通胀缺口），以及实际产出和潜在产出之间的偏离程度（实际产出缺口）。即在给定通货膨胀目标和潜在产出水平下，短期利率如何针对通胀缺口和实际产出缺口进行调整。

根据泰勒规则，中央银行应遵循以下形式的行为准则：

$$r_t^* = \bar{r} + \pi^* + \alpha(\pi_t - \pi^*) + \beta(y_t - y_t^*) \tag{4-1}$$

式（4-1）中，r_t^* 为货币政策工具的短期名义利率，参数 α 代表利率政策对通胀缺口的敏感性，参数 β 代表利率政策对产出缺口的敏感性。若通货膨胀率 π 大于通胀目标值 π^*，或者如果实际产出 y 大于其均衡产出 y^*，则利率将会上升。若通胀缺口和产出缺口为零（$\pi = \pi^*$，$y = y^*$），意味着经济达到均衡状态，此时期望目标利率值（r_t^*）为实际均衡利率（$\bar{r}$）和通胀目标值（π^*）之和。

为稳定货币政策，通胀缺口敏感系数 $\alpha > 1$，意味着中央银行会提高实际利率以应对更高的通胀，从而对通胀发挥了稳定作用；若 $\alpha < 1$，表示利率对通胀的调节，是一种不稳定状态，可能产生通胀和产出的自我实现破灭。产出缺口敏感系数 $\beta > 0$，意味着当实际产出低于其均衡产出时，利率的下降将会对经济产生稳定作用。

（二）前瞻性泰勒规则

在传统的泰勒规则中，利率调整对通胀缺口的反应是同期或后顾的，而实践中，由于工资价格黏性、市场摩擦以及传导机制的影响，货币政策的实施通常具有时滞。Clarida（1998）[①] 将预期引入到传统泰勒规则中，提出具有前瞻性的泰勒规则，即考虑利率对通胀理性预期的反映，加入预期后的前瞻性泰勒规则更能反映中央银行的利率行为。

$$r_t^* = \bar{r} + \pi^* + \alpha[E_t(\pi_{t+k}) - \pi^*] + \beta E_t(y_{t+p} - y_{t+p}^*) \tag{4-2}$$

其中，E_t 表示基于 t 时刻所有可获取信息集下的期望算子，$E_t(\pi_{t+k})$ 是基于 t 时刻信息对通胀的 k 期向前预测，$E_t(y_{t+p} - y_{t+p}^*)$ 是基于 t 时刻信息对产出缺口

---

① Clarida R., J. Gali and M. Gertler. Monetary Policy Rules in Practice: Some International Evidence, European Economics Review, 1998, 42 (6).

的 p 期向前预测。

根据经济状况的变动中央银行会对利率进行调整，但调整过程是缓慢平滑的。[①] 为了避免政策跳跃对资本市场的过度干扰，中央银行可进行利率平滑。带有利率平滑的泰勒规则可表示为：

$$i_t = (1 - \rho)r_t^* + \rho i_{t-1} + \varepsilon_t \tag{4-3}$$

式中，i_t 为中央银行在 t 时期设定的利率水平，r_t^* 为货币政策工具的短期名义利率，$\rho \in (0, 1)$ 为利率平滑参数，ε_t 是均值为 0 的随机扰动项，表示央行控制利率产生的误差。

将式（4-2）带入式（4-3），即可得到加入利率平滑后的前瞻性泰勒规则表达式：

$$i_t = (1 - \rho)\{\bar{r} + \pi^* + \alpha[E_t(\pi_{t+k} - \pi^*)] + \beta E_t(y_{t+p} - y_{t+p}^*)\} + \rho i_{t-1} + \varepsilon_t \tag{4-4}$$

第二节 金融危机后货币政策反思与挑战

金融危机爆发后，常规货币政策所达成的共识未能及时、有效地促进世界经济的复苏，理论界对货币政策也提出了多方面的质疑和反思。

一、货币政策与金融稳定

由于通货膨胀目标制已经成为货币政策共识的核心。次贷危机前，多数国家把维护价格稳定作为中央银行的最主要目标，并以此促进经济增长。实践中，中央银行为了维护价格稳定制定货币政策跟踪消费者物价指数，并随着物价指数的变化及时调整短期利率，促进经济增长。这一共识认为只要中央银行能够稳定价格，宏观经济变量也会随之稳定。次贷危机前学术界普遍认为，发达国家在 20

[①] Williams J. C. Simple Rules for Monetary Policy [R]. Washington: Board of governors of the federal reserve system, 1999.

世纪末到 21 世纪初的"大稳健"时期,是对这一共识最好的证明。

价格稳定和金融稳定之间并没有冲突,这一观点被普遍接受,并具有广泛的经验证据支持。许多金融危机大都是由价格水平发生重大变化所引起的(Bordo、Dueker 和 Wheelock,2000),因此,中央银行只需要关注价格稳定,较低并稳定的通货膨胀能够保证金融稳定,避免金融危机。尤其是近 30 年对中央银行的改革,将金融监管和维护金融稳定的职能区分开来,中央银行专注于维护价格稳定,制定和实施货币政策,维护金融稳定的职能则交由金融监管部门实施。一方面有助于保持中央银行的独立性,另一方面中央银行与金融监管分工合作可以更好地保证经济增长与金融稳定。同时在微观审慎金融监管理念的指导下,只要微观金融机构是稳定的,自然可以达到整个金融体系的稳定。

有关货币政策与金融稳定之间的关系其实早在 2008 年次贷危机之前就已经引起关注。然而,次贷危机的爆发引发对货币政策目标的反思主要集中在两个方面。首先是对最优通货膨胀目标值的反思,即最优通货膨胀目标值如何确定。Bernanke(2011)建议将通货膨胀目标值提高,认为更高的通货膨胀目标值有利于降低真实利率和提升弹性空间。但设置更高的通胀目标会推进通胀预期的提升,一旦通胀预期上升,伴随着经济的波动和福利的降低,而此时再降低通胀的代价将会非常大。

另外,货币政策目标的选择,即除通货膨胀外是否还需要盯住其他形式的目标。有关通货膨胀目标的选择,有学者建议将经济活动作为货币政策的盯住目标,采用这一目标需要保持产出缺口与通货膨胀之间的弱相关性。如果危机过后,这种弱相关性得以改善,将经济活动作为货币政策盯住目标就不是最优选择(刘元春、李舟,2016)。

对于是否将金融稳定纳入货币政策目标框架一直处于争论状态。中央银行可以关注价格稳定,但长期稳定的通胀并不能保证金融稳定的实现。有学者认为美国次贷金融危机的爆发是由于美联储没能及时调整货币政策态势,适时应对经济结构发展不平衡,导致矛盾持续积累。更有学者认为由于美联储长期的低利率政策导致整个金融体系出现了过度的风险偏好,从而导致金融体系的不稳定。次贷危机之后,各国中央银行虽然意识到了货币政策对金融稳定的忽视,但是他们依然坚持危机前的观点，认为只有当金融稳定风险影响到对通胀和产出缺口预期的情况下，货币政策才会做出反应。然而，近年来，西方国家开始主张将金融稳定风险纳入到货币政策目标。国际清算银行于 2015 年公布的 2014~2015 年度报告中提出，各国央行有必要在维持价格稳定的同时，系统地考虑将金融稳定作为货币政策的目标之一，[1] 货币政策与金融稳定的关系仍然在不断发展与完善中。

二、货币政策与资产价格

货币政策是否应该关注资产价格一直以来就是一个备受争议的话题。费雪的货币数量论最早对两者之间的关系做出分析，并确立了货币政策与商品价格和资产价格之间的简单线性关系。一般情况下若资本市场是有效的，资产价格的波动能够反映实体经济总量的变化，中央银行不需要对资产价格进行干预。[2] 根据新凯恩斯理论，货币政策以通货膨胀和产出缺口作为政策目标，以利率、法定存款准备金率以及公开市场业务为政策工具，通过商业银行等金融机构作为中间传导调节实体经济，保持物价稳定，促进经济增长。

（一）货币政策不应关注资产价格

从理论角度，货币政策抵御资产价格泡沫通常有几种手段：盯住资产价格；刺破资产价格泡沫；事后清理；"逆风向而动"；采取以上手段的组合。从各国货币政策实践来看，尽管中央银行已经注意到资产价格泡沫破灭的风险，但大多没有采取应对措施。由于中央银行没有可靠的办法识别资产价格泡沫，资产价格泡沫在事前很难确定，在泡沫破灭后才能证明它的存在。即使能够识别，刺破资产价格泡沫也会带来较大的潜在损失。由于导致资产价格波动的原因较多、较复杂，有可能受到投机等基本面无关的因素影响。若频繁使用货币政策，则不利于物价稳定目标，以及造成实体经济波动较大。同时，即使中央银行采取高利率抑制了资产价格，势必会影响到产出缺口，中央银行将面临资产价格与产出缺口之

---

[1] Bank for International Settlements. Another Year of Monetary Policy Accommodation. 85th Annual Report [R]. Apirl 1, 2014–March31, 2015, Basel, June28, 2015.

[2] Bernanke B. S. and Gertler M. Should central banks respond to movements in asset price? [J]. The American Economic Review, 2000, 91 (2).

间的权衡。相比较而言,事后清理(即在泡沫破灭后采用大幅度降息等措施进行救助)的损失会相对较小。因此,多数中央银行对资产价格泡沫既不去积极识别也不干预,只是在泡沫破灭后采取事后清理策略。货币政策的制定和执行都只需关注价格稳定,无须关注资产价格。

(二)货币政策应该关注资产价格

在封闭条件下,货币经济周期理论是有关货币政策与资产价格关系的理论研究基础。货币经济周期理论认为,以关注价格稳定为主要目标的货币政策忽视了经济周期中信贷过度扩张和资产价格波动的影响。宏观经济中过低的短期利率会导致过度信贷扩张,特别是集中于周期较长和资金密集的产业和项目,将容易引发资产价格波动及泡沫产生。资产价格泡沫破裂直接影响金融机构的资产负债表,最终导致金融不稳定和经济不稳定。

开放条件下,影响资产价格波动的重要因素是汇率。汇率对资本市场的影响取决于国际贸易在整个经济中的比重及结构。汇率的变动直接影响到进出口额的变化,进而影响到企业的经营业绩以及股价的变化,同时汇率的波动也会影响企业以外币计价的交易成本,进而通过进出口商品价格的变化导致本国通胀发生变动,最终引起资本市场的波动。

因此,早前就有经济学家建议采取"事前货币政策"(Borio 和 Lowe,2002),在货币政策目标中,应当包含商品价格与资产价格。尤其在 2008 年次贷危机后,经济学家们更加关注货币政策的金融稳定目标,建议货币政策目标应包括资产价格在内的广义价格指数。

(三)货币政策与房地产价格

货币政策与房地产价格的关系:房地产行业是资金密集行业,货币政策对房价波动有着重要作用。从各国房地产发展来看,房地产行业的发展速度与货币政策松紧程度密切相关,货币的快速扩张一直被认为是房地产价格上涨的主要原因。适度宽松的货币政策,如扩大货币供应量、降低房贷利率、增加信贷投放量等措施,会刺激房地产市场的消费,带动房地产价格上涨。然而过度宽松的货币政策会导致金融刺激过度,房地产行业投资过度,投机现象增加,房地产行业脱离经济发展过快增长导致泡沫产生,一旦泡沫破灭,金融危机将会出现。20 世纪 70 年代日本泡沫经济、90 年代东南亚经济危机以及 2008 年次贷危机都证明了这一关系。

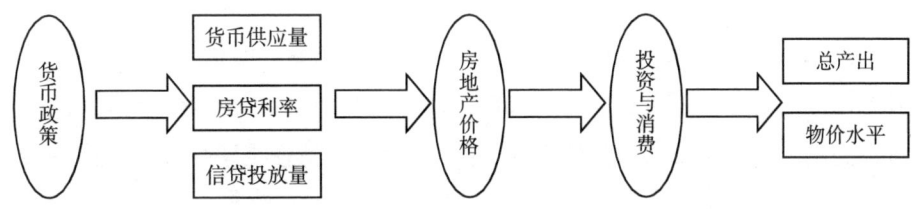

图 4-1　货币政策对房地产价格的影响

房地产作为一国的主要资产，其价格变动对货币政策及宏观经济也有较大影响。具体来说，房地产价格波动会通过托宾 Q 效应渠道、财富效应渠道、资产负债表效应渠道、预期效应渠道以及储蓄及租户收入效应渠道等影响到产出和物价的变动，最终影响到货币政策的制定和实施。

货币政策工具对房地产价格的调控：有关货币政策与房地产价格的关系，国外学者的研究侧重于微观层面的分析，而国内学者更多的研究货币扩张对资产价格的影响。对于货币政策工具与房地产价格的关系来看，主要集中在利率、信贷规模、货币供应量以及存款准备金率等工具的使用对房地产价格产生的影响。

据国外学者的研究显示，利率、信贷规模对房地产价格具有显著影响，货币政策信用扩张会引起资产价格上升。就利率工具的使用来看，大多数学者认为利率水平与房地产价格呈负相关性，即利率水平上升，房地产价格下降，如 Copper（2004）、Mishkin（2007）；但也有部分学者如 Kasai 等（2008）研究显示，随着金融创新的发展，利率与房地产之间的负相关性已经弱化，利率与房地产价格之间主要呈正相关关系。

而大多数国内研究显示，利率与房地产价格负相关，货币供应与房地产价格正相关。存款准备金作为我国货币政策的主要工具之一，在调节流动性、通胀压力以及抑制房地产价格方面效果显著（杨琳，2010），但也有学者认为提高存款准备金率并不能达到调控房地产市场的目标，抑制房地产价格的效果并不显著，原因在于紧缩的货币政策只是降低了个人信贷的供给，而对房地产企业的贷款并没有降低（杨兆廷、庞如超，2009）。因此可以看出，在货币政策工具中究竟哪种工具对房地产价格影响更显著，尚具有争议。

三、货币政策与短期利率调节

次贷危机后，常规货币政策工具的有效性受到挑战，即传统的通过降低利率刺激经济发展的方式不再有效，中央银行使用短期利率不但不能够有效调节宏观经济，而且由于中央银行对经济中存在的不平衡和结构性问题认识不到位，专注于短期利率使得中央银行应对经济危机的手段有所欠缺。次贷危机发生之前就有学者对美国房地产市场和金融市场做出分析，但美联储并没有对美国房地产市场的过度杠杆化和金融市场过度的风险行为采取应对措施。随着房地产泡沫的破灭，美联储一方面将短期利率政策降至历史最低，另一方面还实施了大量的救助，但都没有促进美国的经济发展。

利用传统的降低利率来刺激经济发展的方式不再有效，其主要原因有以下几个方面：

第一，利率是否具有弹性。传统的货币政策认为利率是具有弹性的，但在实践中，利率可能是缺乏弹性，甚至是刚性的。为了应对次贷危机带来的影响，美联储、英格兰银行和欧洲央行尽可能通过降低利率促进经济发展，短期利率已达到各自央行认定的最低水平，如美国长期将联邦基金利率维持在0%~0.5%。但对于面临严重通货紧缩压力的实体经济而言，这样的利率仍然较高。美联储研究报告认为考虑到当前的产出和通货膨胀缺口，泰勒规则隐含的美国合理利率水平应为-5%，这在目前的货币政策框架内显然无法实现（张亦春、胡晓，2010）。利率面临刚性约束，完全市场化的国家如美国和欧元区的名义利率无法下降。

第二，零利率下限约束（Zero Lower Bond，ZLB）。Bernanke等（2004）曾对零利率下限做出研究，认为在零利率条件下中央银行仍然可以采用非常规货币政策放松银根以创造出更高的支出和正的通货膨胀，[①] 具体措施有：①为了正确引导市场预期，央行应明确承诺政策利率将长期保持低位；②对央行资产结构进行

[①] Bernanke B., Reinhart V., Sack B. Monetary Policy Alternatives at the Zero Bound: An Empirical Assessment [R]. Federal Reserve Board Working Paper, 2004 (48).

调整，由于资产间的不完全替代性而引发资产配置再平衡效应，利用这一效应调整利率和息差水平；③增加中央银行资产负债表规模，在维持现有利率所需水平的基础上增加基础货币供给。

次贷危机发生后有关零利率下限约束的探讨也较多。学术界和政策制定者意识到零利率下限约束问题比预期的更加严重。Blanchard（2010）认为当面临零利率约束下限困境时，中央银行企图通过降低利率刺激经济的措施受到限制，有可能导致实际利率的上升，对经济发展不利。[①] 另外，零利率下限问题也可能遇到流动性陷阱遭遇的问题，两者极有可能相互叠加，进一步加剧经济形势的恶化。

第三，通货紧缩的影响。次贷危机后，世界主要经济体经济增长趋势放缓，大宗商品和原材料价格下跌，各国经济下行趋势明显及伴随通货紧缩的风险。由于产出缺口为负，物价水平下降速度甚至超过利率水平的下降速度，使得货币政策通过短期利率进行调节的方式难以奏效。[②]

另外，货币政策利率传导途径受阻。由于次贷危机的爆发，导致市场不确定性和风险增加，大规模的资金开始寻找安全资产，如短期国债等，金融市场对风险的过度回避导致部分信贷市场陷入极度萎缩甚至瘫痪的状态，传统的货币政策传导渠道不畅，使得利用短期利率这一政策工具难以发挥应有的作用。

第三节　国外有关货币政策的实践

2008 年次贷危机之后，发达经济体资产价格大幅缩水、名义利率零下限、资产负债表衰退、市场主体信心严重不足等问题出现，使用传统货币政策工具调

---

① Blanchard O., Dell'Ariccia G., Mauro P. Rethinking macroeconomic policy [J]. Journal of money, Credit and Banking, 2010, 42 (s1).

② Ostry M. J. D., Ghosh M. A. R. and Korinek M. A. Multilateral Aspects of Managing the Capital Account [R]. International Monetary Fund, 2012.

节经济难以奏效,主要国家的中央银行开始使用非常规货币政策工具对经济进行调节。

一、非常规货币政策的实践

(一) 前瞻指引货币政策

随着政策利率面临零下限约束,以美国、欧盟和英国为首的发达国家开始采用一项宽松货币政策——前瞻指引(Forward Guidance)。前瞻指引是指中央银行提供宏观经济预测或与未来货币政策行为(尤其是政策利率)等相关前瞻性信息,引导公众形成对未来货币政策的预期,是近年来主要发达国家中央银行管理公众预期的主要手段之一,本质上是一种预期管理手段。早在1997年新西兰中央银行就实施了带有前瞻性指引的货币政策,通过发布未来政策利率路径引导公众预期。此后日本、挪威、瑞典、美国等国中央银行相继发布未来政策利率路径预测。前瞻性指引这一概念是由Eggertsson和Woodford在2003年最早提出的,2013年英格兰中央银行首次发布通胀及前瞻性货币政策报告指引,正式把前瞻性指引作为货币政策工具来实现货币政策目标,并将前瞻性指引分为三类(见表4-1[①])。

表4-1 主要发达经济体前瞻性指引分类及采用时间

前瞻性指引类型	实施主体	采用时间
开放式前瞻指引	日本央行	1999年4月,2013年4月
	美联储	2003年8月,2008年12月,2009年3月
	欧央行	2013年7月
时间参照的前瞻指引	加拿大央行	2009年4月
	瑞典央行	2009年4月
	美联储	2011年8月,2012年1月,2012年9月
经济状况参照的前瞻指引	美联储	2012年12月
	英格兰银行	2013年8月

资料来源:Bank of England (2013)。

[①] The Monetary Policy Committee. Monetary Policy Trade-offs and forward guidance [R]. Bank of England, 2013.

中央银行使用前瞻性指引传达货币政策意图，试图影响市场和公众预期，减少金融市场和企业的不确定性。零利率约束下实施前瞻性指引必须具备以下几个条件：第一，中央银行的信誉。前瞻性指引发挥引导公众预期的作用其先决条件是央行的可信度。只有公众相信央行的承诺，前瞻性指引才能发挥作用。第二，中央银行的承诺。央行前瞻性指引的承诺性越强，对公众预期的影响力越大。第三，前瞻性指引的准确性。央行能将前瞻性指引准确易懂地展示给公众，就能更准确地管理公众预期。当然，前瞻性指引的有效性还要取决于公众能否正确理解央行的意图。

前瞻性指引最主要的缺陷是"动态不一致性"[①]问题。由于未来的经济形势很难准确预期，央行基于预期所做出的最优决策可能带来"动态不一致性"问题，并影响中央银行的信誉。在面临零利率下限时，央行采用前瞻性指引可以影响公众对未来短期政策利率的预期从而刺激当前的总需求，但在经济复苏之后，央行若上调利率，则会造成声誉受损。若继续遵守承诺维持低利率，则央行需要在摆脱零利率下限后的一段时间里忍受高通胀带来的压力，而且货币政策正常化延迟还可能造成过度的风险承担以及金融体系的脆弱性。

（二）非常规数量型货币政策工具——量化宽松政策

传统的价格型货币政策通过调节利率影响企业生产和公众消费，但面临零利率下限约束、流动性陷阱等问题使利率政策缺乏操作空间，由日本最早采用非常规量化宽松货币政策，是指为了刺激经济复苏，货币当局通过对中央银行资产负债表的扩张，向商业银行投放流动性，以达到抑制通货紧缩和降低失业率的目的。金融危机之后，美联储连续采取四轮量化宽松货币政策（见表4-2），并于2014年正式退出。

量化宽松货币政策主要通过两条途径对实体经济产生影响：一是量化宽松货币政策以利率为媒介引导公众对利率产生预期，以此来刺激消费和投资进而达到刺激经济增长的目的。二是量化宽松货币政策以中央银行的资产负债表为媒介，

[①] 如果一项政策在制定阶段是最优的，但在制定之后的实施阶段却不是最优的，这项政策就是动态不一致的。反之，一项动态一致的政策是指在没有新的信息出现的情况下，该项政策不但在制定时是最优的，而且在以后的执行过程中也是最优的。

表 4-2　美联储四次量化宽松货币政策的主要内容

量化宽松货币政策	起止时间	主要内容	主要目的
QE1	2008年10月至2010年4月	购买两房、联邦住房贷款银行与房地产有关的直接债务；购买由两房、联邦政府国民抵押贷款协会所担保的抵押贷款支持证券（MBS）	重新树立金融体系的信用，增加金融体系信贷市场的流动性，促进信贷市场平稳发展
QE2	2010年11月至2011年6月	收购6000亿美元较长期美国国债	主要解决美国政府的财政危机
QE3	2012年9~12月	每月采购400亿美元的抵押贷款支持券（MBS）；卖出短期国债，买入长期国债的扭曲操作不变	主要目的是进一步刺激经济复苏，提高就业水平
QE4	2012年12月	每月采购450亿美元国债替代扭曲操作，加上QE3每月400亿美元的宽松额度，美联储每月资产采购额达到850亿美元	美联储确保长期利率处于较低水平，同时缓解缩减财政带来的不利影响

资料来源：笔者根据公开资料整理。

通过对其所含项目的比例进行调整或者扩张其规模的方式，向金融市场和实体经济注入流动性，以此引导公众的消费和投资进而促进经济发展。

量化宽松货币政策的实施效果目前尚有争议。对于量化宽松货币政策效果的普遍共识是对经济复苏有一定的作用，但效果并不明显。由于金融市场信息不对称和金融风险的增大，央行扩大资产负债表的行为导致基础货币的增加，但并不能保证银行信贷的增加，而是转化为银行超额准备金（Goldberg，2010）；也有学者对量化宽松货币政策表示肯定，认为实施量化宽松货币政策的目的是刺激信贷增长，通过调整中央银行资产负债表的构成来提高信贷市场特定部门的运作效率（Blanchard，2010）。量化宽松货币政策可以增加对有价证券的需求和降低利率，可以促进实体经济的发展。同时，有价证券价格上涨带来的财富效应使公众消费支出增加（Woodford，2012）；还有学者认为美国实施量化宽松货币政策在经济复苏缓慢时有效性显著，但是由于未来的经济环境并不明确，因此长期具有一定风险（Hoenig，2009）。量化宽松货币政策的实施具有严重的负外部性，美国释放大量的流动性造成美元贬值，而后通过国际间传导机制对其他国家的经济造成不良影响（Stiglitz，2010）。

目前研究更多的是量化宽松货币政策的退出。美联储量化宽松货币政策一方面为美国市场注入大量的流动性,另一方面也将全球带入了量化宽松时代。经过实践表明,量化宽松货币政策在恢复全球经济发展的同时,也带来了全球流动性过剩、资产价格上涨以及通货膨胀高涨等负面影响。2013 年 6 月 20 日,伯南克首次宣布美联储于 2014 年退出量化宽松货币政策,引发全世界的关注。表 4-3 为量化宽松货币政策退出机制的分析框架,针对美联储的实践和经验,分别对退出时机、退出工具和退出路径等方面的选择做出探讨。

表 4-3 量化宽松货币政策退出机制的分析框架

量化宽松货币政策的退出机制	具体内容		
退出时机的选择	基本原则:"平稳退出"	量化宽松货币政策退出会使经济体系的流动性下降,资金成本上升,金融机构惜贷,企业和消费者的投资和消费减少;若量化宽松货币政策退出较晚,则会导致资产价格泡沫和通货膨胀	
宏观经济指标的设定(对宏观经济形势的科学判断是判断退出时机的关键)	财政赤字率是否已经接近或达到警戒线		
	就业情况是否出现好转		
	通货紧缩的压力是否消除		
	持续性的需求增长态势是否已经确立		
货币政策目标的选择	常规货币政策环境下,币值稳定是货币政策的首要目标;在危机影响下经济陷入衰退时,经济增长和就业应成为货币政策的首要目标。量化宽松货币政策的退出要考虑经济是否稳步增长和就业率是否有所下降		
退出时政策工具的选择	通常采用的工具:通过提高法定存款准备金比率,公开市场回购和窗口指导等来实现流动性回收,降低通胀预期 美联储的退出工具主要有:公开市场出售国债和证券,财政部发行短期票据回笼资金再存入美联储,进行逆回购协议、提高超额准备金率和将部分超额准备金转换成定期存款再存入美联储等		
退出的路径选择	基本原则:循序渐进,保持及时性和渐进性	自动退出	金融市场融资功能恢复,部分量化宽松政策工具使用频率下降,金融市场稳定目标基本实现
		主动退出	主动实施量化宽松货币政策退出的关键在于对房地产市场和消费信贷复苏情况做出准确合理的趋势性判断
		全面退出	财政政策与货币政策的刺激效果明显,实体经济与就业状况进一步改善,公开市场的利率操作目标基本实现

资料来源:笔者根据徐琤(2015)整理。

(三)前瞻性指引与量化宽松货币政策的差异

前瞻性指引货币政策与量化宽松货币政策都属于央行政策利率接近零的非常规货币政策工具。前瞻性指引是央行通过口头操作,公开承诺等方式影响公众预期达到维持较低政策利率水平;而量化宽松货币政策是通过在次级市场上大量购买债券释放流动性的方式,直接影响到债券价格上涨和债券长期利率下降,但不一定会降低银行贷款利率。同时,量化宽松的货币政策实施会促使通货膨胀和资产价格上涨,使经济面临较严峻考验。两种政策工具的属性不同,实施效果和影响也不相同,最大的区别在于量化宽松的货币政策通过投资组合再平衡渠道直接影响央行的资产负债表的扩充与比例,而前瞻性指引通过影响预期不会造成央行资产负债表的扩充。在实践中,可组合两种工具达到预期效果,在经济复苏初期同时运用量化宽松和前瞻性指引两种政策,在经济复苏之后退出量化宽松,加强前瞻性指导对预期的影响。

二、结构性货币政策的实践

传统经济学中的货币政策一直被视为总量调控政策,但次贷危机之后,主要发达经济体的传统货币政策工具,由于遭受零利率下限约束和流动性陷阱,使其作用难以有效发挥。量化宽松货币政策的实施,虽然释放出大量的流动性,但大部分停留在金融体系内部。为了更好地引导金融机构为特定领域提供资金支持,主要经济体开始探索定向货币政策操作。相比较传统货币政策,中央银行在调整资金流向以及向公众传达政策意图等方面,结构性货币政策体现出了较大优势。为了定向投放流动性,中央银行可以运用在公开市场上购买流动性较低资产的同时提供信用等级较高的债券,以及增加抵押品种类等方式,来增加对实体经济的资金支持,降低金融机构和部分行业的资金成本,实现对重点行业的资金支持。因此,结构性货币政策的实施对促进产业结构调整、经济增长和防范系统性风险有着重要意义。

结构性货币政策与传统货币政策既有相同点也存在差异,两者的相同点主要有:两种政策都作为中央银行"工具箱"的组成部分,都由中央银行控制和实施。政策最终目标相同,虽然使用的具体工具和手段不同,但结构性货币政策和传统货币政策的最终目标都是要促进经济恢复和增长,实现充分就业,两者的差异见表4-4。

表 4-4 结构性货币政策与传统货币政策的差异

	结构性货币政策	传统货币政策
操作目标	引导信贷资金流向特定行业	总量调节
适用条件	非常时期采用的危机救助手段	常规手段
政策工具	CPFF、TSLF、TALF、FLS、TLTRO 等（见表 3-5）	利率、存款准备金率、再贴现
传导机制	①金融机构定向投放流动性 ②金融机构定向减税 ③降低实体经济融资成本	调节整个金融市场的流动性来影响经济主体的行为，实现货币政策目标

资料来源：笔者自己整理。

近年来，西方发达国家对结构性货币政策进行了探索，典型的政策工具包括美联储推出的商业票据融资工具（CPFF）、定期证券借贷便利（TSLF）、定期资产支持证券贷款工具（TALF），欧央行推出的定向长期再融资操作（TLTRO），英国央行联合财政部推出的融资换贷款计划（FLS），日本央行推出的促增长融资便利和刺激银行贷款便利（见表 4-5）。

表 4-5 主要发达国家中央银行有关结构性货币政策的实践

国家	结构性货币政策工具的种类	主要目的与操作方式
美联储	商业票据融资工具（CPFF）	主要目的：对金融机构和企业直接给予融资支持 操作方式：2008 年 10 月美联储设立该工具，是由特殊目的公司直接购买评级较高且以美元标价的 3 个月期资产支持商业票据
美联储	定期证券借贷便利（TSLF）	主要目的：给证券交易商提供流动性支持 操作方式：美联储向以证券商品作为抵押的证券机构提供美国国债
美联储	定期资产支持证券贷款工具（TALF）	主要目的：增加中长期信贷 操作方式：2008 年 11 月美联储联合财政部推出该项工具，向以 AAA 级资产支持证券作为抵押的机构提供 3~5 年期的中长期贷款
欧央行	定向长期再融资操作（TLTRO）	主要目的：增加非金融企业部门的流动性 操作方式：欧央行根据银行对欧元区非金融私人部门的贷款额（居民按揭贷款除外）的一定比例，向其提供超低息再贷款，并将这些再贷款用于向以企业为主的私人部门放贷
英国央行联合财政部	融资换贷款计划（FLS）	主要目的：增加商业银行的信贷投放 操作方式：商业银行将合格的抵押品提供给英格兰银行，后者根据商业银行新增信贷情况，向其提供国债，支持其利用国债回购融入资金。商业银行借用国债额度与其新增信贷量正向挂钩；需缴纳的费用与其新增信贷量反向挂钩

续表

国家	结构性货币政策工具的种类	主要目的与操作方式
日本央行	促增长融资便利	主要目的：鼓励商业银行向环保、医疗保健、旅游等18个高成长性行业发放贷款 操作方式：日本央行为商业银行提供利率为0.1%的一年期低息贷款
	刺激银行贷款便利	主要目的：鼓励银行增加对企业和家庭的贷款规模 操作方式：商业银行提供担保，由日本央行以极低利率向其发放中长期贷款，贷款金额根据银行对企业和家庭发放的日元及外币贷款的净增长额来确定

资料来源：笔者根据中国人民银行福州中心支行（2016）整理。

美国推出的结构性货币政策工具主要用于缓解因金融机构同业间惜贷造成金融市场流动性不足的状况，大力发展同业拆借市场和商业票据市场，支持实体经济融资，由于侧重于向特定金融机构提供流动性，因此具有一定的"结构性"特征；相比较而言，英国、欧洲和日本央行则采用对金融机构流动性支持与其特定领域的新增贷款额度挂钩的方式，引导资金流入实体经济，其"结构性"特征较为明显。

第四节　中国货币政策的挑战与实践

次贷危机后，随着国际国内经济环境的变化，我国货币政策也面临着巨大挑战。尤其是我国当前正在推进供给侧结构性改革，经济转型发展与产业结构调整是我国当前的主要任务。在此背景下，我国货币政策也经历了一系列调整与变革。

一、中国货币政策受到的挑战

次贷危机的爆发使世界各国对货币政策进行了反思，我国货币政策同样受到了挑战。

(一) 货币政策的制定与实施受到影响

随着经济和金融的全球化发展,国与国之间经济联系越来越紧密,通过国际贸易、投资以及资本流动等途径,各国经济之间的依赖程度也在不断加强。我国货币政策的制定与实施也会受到其他国家的影响。2008年次贷危机给世界经济带来严重的影响,主要发达经济体实施了量化宽松的货币政策。量化宽松货币政策为市场注入大量流动性的同时也将全球经济带入了量化宽松时代。

与此同时,我国面临着经济增速急速回落,出口额严重下降,纺织、钢铁、房地产等国内多个行业受到严重影响而导致生产经营困难,企业和消费者信心不足,贷款需求明显下降,国内出现通货紧缩态势。为了应对国内的经济情况和国际上量化宽松货币政策的影响,2008年11月我国推出了4万亿元人民币投资计划以及一系列扩大内需的刺激计划。这一政策对促进我国经济复苏起到了重要的作用,但是也使我国错过了结构性调整的最佳时机,并且加剧了我国经济结构发展的不平衡。

2013年伯南克宣布美联储于2014年退出量化宽松货币政策,引发全世界的关注,对我国金融市场流动性和人民币汇率也产生较大的影响。

(二) 货币政策目标受到挑战

一直以来,我国是以"保持人民币币值稳定,并以此促进经济增长"为货币政策的目标。在经济发展过程中,这一目标在稳定币值,为经济发展提供流动性等方面发挥了巨大的作用。但是随着我国经济逐步进入新常态,即增长速度进入换档期、结构调整面临阵痛期、前期刺激政策消化期的"三期叠加"时期,中国经济增长减速、结构调整和要素供给等方面出现了新变化。具体表现为:一是我国当前经济增长动力不足,总量扩张的货币政策并没有显现太大的推动作用;二是我国当前结构性矛盾突显,经济发展转型和产业结构调整是当前急需解决的问题,传统的总量扩张的货币政策在结构性调整上并没有发挥较大优势。

另外,随着资本项目的逐步放开和人民币国际化的进程加快,货币政策维持汇率稳定的目标也越来越难以实现,货币政策保持独立性与人民币币值稳定之间的矛盾逐渐加剧。通过之前的分析可以看出,只关注物价稳定的货币政策并不一定能够保证金融稳定,资产价格对金融稳定的影响也非常明显,美国次贷危机就是典型的例子。也就是说,在币值相对稳定的情况下,资产价格也可能大幅度上涨。因此,我国长期以来形成的货币政策目标在新的经济形势下也遭受到了巨大挑战。

(三)货币政策工具受到挑战

我国在长期的货币政策调控中经常使用的法定存款准备金率、贴现政策以及公开市场业务等工具都属于总量调节工具,这些工具的实施对整个宏观经济都会产生普遍的影响。而我国目前面临着经济转型发展和产业结构调整的任务,传统的货币政策工具对经济转型和结构性调整难以继续发挥较大作用。因此对货币政策工具转型与创新提出了新的要求,需要引入类似定向的、结构性的货币政策工具助推结构性改革。

此外,传统的货币政策工具是以商业银行为主要调控对象,通过影响商业银行的信贷规模、利率等变量,最终影响到实体经济。但是,随着互联网金融、资本市场以及民间借贷等多种金融形式的发展,使商业银行的业务有所分流,金融脱媒现象日益严峻,这就使得传统的货币政策工具有效性受到限制,需要对传统的货币政策工具进行创新以适应新的经济形势的发展。

二、次贷危机后我国货币政策的实践

2008年以后,我国货币政策作出一系列调整以适应经济形势发展,总体来说大致可以分为三个阶段。

(一)2008年中至2010年末实施适度宽松的货币政策

2008年初我国为抑制总需求过度膨胀而实行从紧的货币政策,但2008年我国GDP增速开始放缓,为应对次贷危机带来的影响,减轻我国经济发展速度急速回落带来的负面影响,我国推行了适度宽松的货币政策。货币政策的主要目标是"保增长、扩内需、调结构",通过调整金融机构存贷款基准利率、存款准备金率等方式,引导金融机构加大对实体经济的支持力度,促进宏观经济平稳发展。

(二)2011~2015年实施稳健的货币政策

2010年底,国际上主要发达国家经济开始处于复苏阶段,次贷危机带来的负面影响已经有所缓和。我国国内经济发展状况基本平稳，农业、工业以及对外贸易等方面发展态势基本良好。为了防止物价过快增长，做到"有保有压有扶有控"，中央经济工作会议决定从2011年开始实施稳健的货币政策，通过调整存款准备金率、存贷款基准利率、公开市场操作、引入差别准备金动态调整机制等手段，引导金融机构调整信贷结构，促进产业结构调整和经济平稳运行。

（三）2016~2017年继续实施稳健的货币政策，推动供给侧结构性改革

2016年，我国以推动供给侧结构性改革为目标继续实施稳健的货币政策，通过下调存款准备金率和公开市场操作为供给侧改革提供良好的货币政策环境。在2016年12月召开的中央经济工作会议上，提出以推进供给侧结构性改革为主线，适度扩大总需求，坚定推进改革，妥善应对风险挑战，引导形成良好的社会预期，经济社会保持平稳健康发展。会议指出经济形势的总特点是"缓中趋稳，稳中向好"，同时也指出经济运行中产能过剩严重和需求结构升级矛盾突出，经济增长内生动力不足，金融风险有所积聚等问题。可以看出2017年在继续推进供给侧结构性改革的同时，防范金融风险也成为宏观调控的重心。

三、国内外结构性货币政策的比较

近年来，随着我国经济发展增速放缓，我国出现了地区间、行业间结构性失衡问题，供给侧结构性改革已经成为我国当前宏观经济发展中的主要任务。中央银行在实践中开始加大定向调控货币政策的实施，我国结构性货币政策主要在"三农"、小微等领域实施。使用的政策工具主要有定向降准、定向再贴现、信贷支持再贷款和定向的抵押补充贷款（PSL）四类，政策实施效果总体较好。目前，我国对结构性货币政策工具还在不断地探索和完善，在完善过程中，要结合我国经济金融发展状况，提高政策工具的有效性，因此有必要对我国和西方国家的结构性货币政策进行比较。

我国结构性货币政策与西方国家具有相同功能的结构性货币政策的差异：第一，实施背景不同。西方国家的结构性货币政策是一种危机救助手段，主要目的是缓解信用紧缩和维护金融市场的正常运行，危机过后此类政策将会退出。而我国的结构性货币政策是为推动产业结构调整和实体经济服务的，并不是危机救助

政策。第二，实施环境不同。西方国家在常规货币政策失效、利率接近零的情况下实施这一政策，而我国目前并非处于接近零利率水平，而且常规货币政策仍然有效。第三，实施目标不同。西方国家实施结构性货币政策通过购买金融机构或非金融机构流动性较低的中长期信贷资产和债券，达到降低中长期利率和社会融资成本的目标。而我国结构性货币政策的主要目标是通过以短期借款的方式为实体经济提供短期流动性支持。第四，实施效果不同。西方国家通过大规模买断资产的方式实施这一政策，将会导致货币当局资产负债表的膨胀，存在严重的违约和市场风险，当此类政策退出时会引起资产价格下降，带来巨大的风险和损失。相比之下，由于我国采取提供流动性支持的方式，风险和损失会相对较小。

虽然结构性货币政策在调节结构性失衡方面具有一系列优势，但也要重视该政策的缺陷和不足，在实施过程中应准确设立结构性目标、提高政策的透明度，提升结构性货币政策的有效性。

第五章　供给侧结构性改革与双支柱调控政策分析

供给侧结构性改革是我国当前的主要任务，而供给侧改革中去产能、去库存与去杠杆任务蕴含的经济与金融风险，会加大我国金融市场的不确定性。宏观审慎与货币政策作为需求侧的主要调控手段，以及我国当前的双支柱调控政策，在推动供给侧结构性改革进程中起到重要作用。

第一节　供给侧结构性改革与宏观审慎政策关系分析

一、供给侧结构性改革与金融风险防范

供给侧结构性改革的推进，将会对现有的经济结构造成一定的冲击，而在供给侧结构性改革过程中去产能、去库存、去杠杆等方面的措施也会造成我国金融市场的波动，使我国发生系统性风险和区域金融风险的不确定因素增加，对金融领域产生较大影响，防范系统性风险是我国当前金融监管的核心。2017年3月李克强总理在《政府工作报告》中强调坚决守住不发生系统性风险的底线。习近平总书记在2017年7月召开的第五次全国金融工作会议上再次强调防止发生系统性风险是金融工作的永恒主题。

国外许多学者对系统性风险的定义进行了探讨。ECB（2000）认为系统性风

险是由于金融体系的不稳定对经济增长和社会福利产生的负面影响。Dijkman（2000）指出系统性风险的关键是风险由单个金融机构向整个金融系统以及实体经济的传导。Billio 等（2012）则侧重于系统性风险对金融体系和大众信心的影响。Blancher 等（2013）认为由于金融机构流动性等问题导致的金融风险向其他金融机构以及实体经济的传播。

综合而言，系统性风险是指受到单个金融机构倒闭的影响而使整个金融体系面临冲击的可能性，从而对实体经济产生严重的负面影响，是金融体系负外部性的表现。系统性风险的产生机理可以分为横向维度和纵向维度。横向维度是指金融系统遭受特定冲击导致金融风险暴露，在金融系统中相互传播演变为系统性风险。纵向维度是指系统性风险与经济周期的关系，高负债经营的金融机构本身所固有的脆弱性会随经济周期演进和放大。

2008 年次贷危机之后，防范和化解系统性金融风险成为国际金融监管机构和各国面临的重要任务之一。正确识别和防范系统性风险的来源有助于提高金融体系的监管效率。

国外对系统性风险来源的理论分析较多，有从金融理论方面探索系统性风险的产生：银行挤兑理论、信息不对称理论、资产价格波动理论、负债—通缩理论、货币主义理论、金融脆弱性理论等；从金融关联视角研究系统性风险的成因；从金融危机视角分析系统性风险的演变：经济要素、政策要素、文化要素、需求要素、创新要素、投机要素、监管要素等。

国内廖岷等（2014）认为影响我国金融系统性风险的基本条件有：一是集中度，即金融资产的行业、地区和客户的集中度越大，越容易受到宏观经济波动和企业经营周期的影响；二是关联性，即多种融资渠道的资金配置共同指向同一种基础资产、同一类企业或行业，在这些基础资产的价格发生巨大变化时，造成的相互影响；三是流动性，即存在金融资产负债期限错配，也可能造成系统性风险。

二、供给侧结构性改革中的系统性风险

系统性风险与金融机构、实体经济联系紧密，在我国当前经济进入新常态和供给侧结构性改革的背景下，应对商业银行经营状况以及系统性风险有正确的认

识和把握。

(一)商业银行经营现状

1. 商业银行资金运用与经营风险

随着供给侧结构性改革的深入,去产能、去库存与去杠杆任务都对商业银行经营带来了严峻的挑战。2011~2016年第三季度末我国商业银行资本利润率大体呈下降趋势(见图5-1),说明商业银行资本收益能力在下降,投资者风险有所增大,对于上市银行来说,其股票价值也会受到影响。另外,从资产利润率来看,无论是大型商业银行、股份制商业银行、城市商业银行还是农村商业银行,在2014~2016年第三季度都略有下降,表明商业银行整体盈利能力减弱,经营管理水平有待转变和进一步提高(见图5-2)。

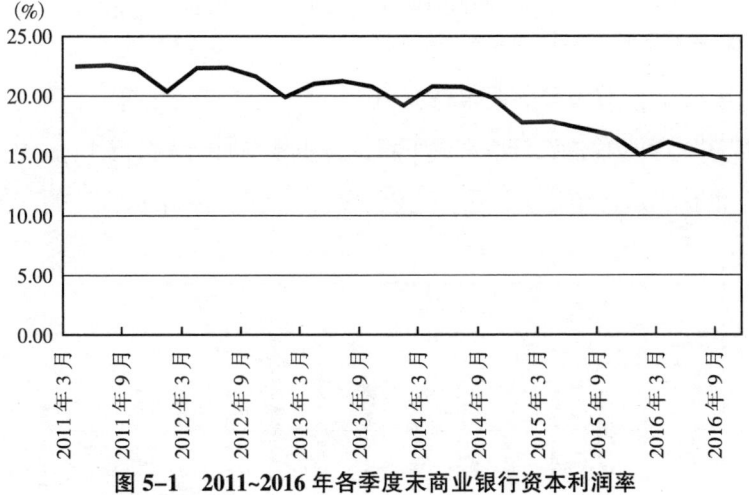

图5-1 2011~2016年各季度末商业银行资本利润率

资料来源:中国银保监会网站。

2. 商业银行盈利能力增长受限

长期以来,我国商业银行盈利主要依靠存贷差,但随着存贷款利率市场化的不断推进,例如,2014年11月22日,央行将基准利率下调,同时将存款利率上浮区间的上限扩大到了20%,利率市场化进一步推进。近些年互联网金融的发展也对商业银行造成了不小的影响,使商业银行净利差也发生明显的变化。从2014年和2015年两年的数据来看,我国16家上市银行净利差受到的影响不同,

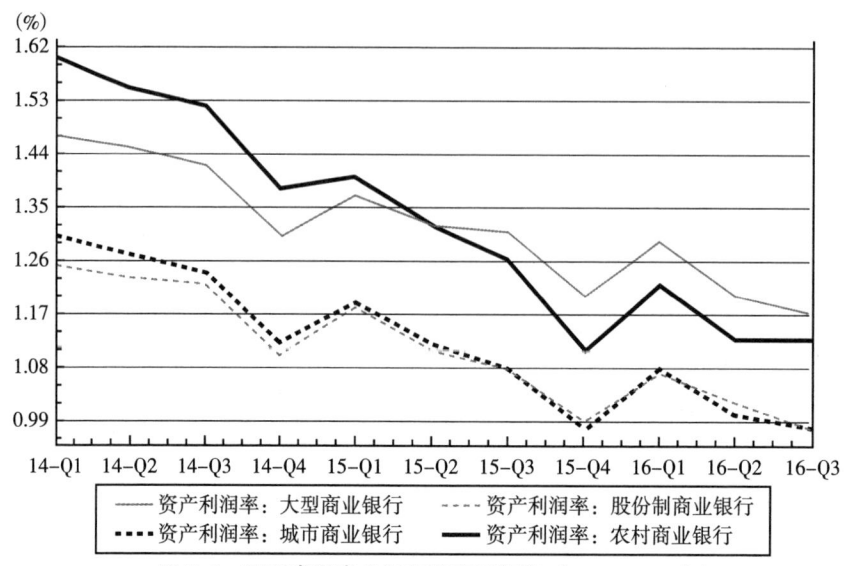

图 5-2 不同类型商业银行资产利润率（2014~2016 年）

资料来源：根据 Wind 数据库数据计算整理所得。

与 2014 年相比，国有大型商业银行在 2015 年净利差略有下降，但基本还处于相对稳定状态；中型股份制银行净利差下将比较明显（如光大银行、民生银行、宁波银行等），也有部分上市银行实现净利差的增长，表明利率市场化具有一定成效。

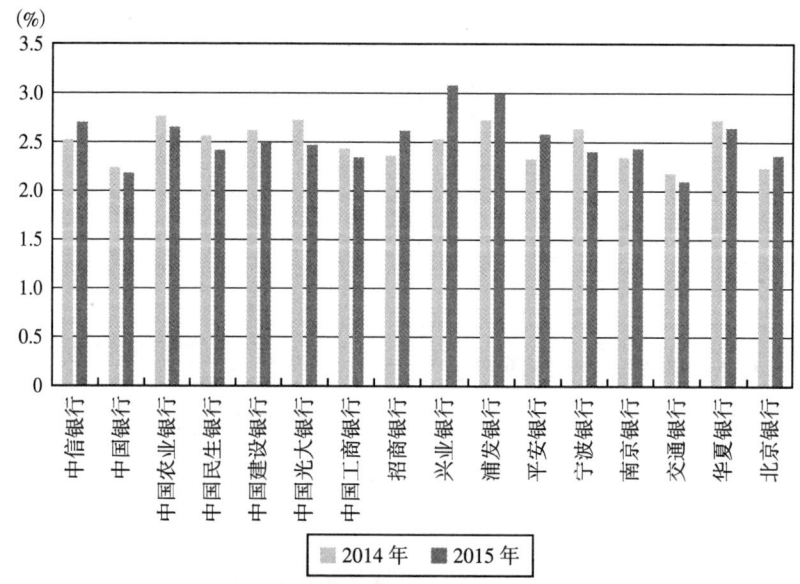

图 5-3 我国上市银行平均净利差（2014~2015 年）

资料来源：根据 Wind 数据库数据计算整理所得。

从商业银行净息差的角度来看，从 2012~2016 年第三季度，商业银行净息差逐渐收缩，利息收入占比明显下降（见图 5-4）。从我国 16 家上市银行在 2010~2015 年净息差水平看，宁波银行、中信银行、民生银行等净息差下降趋势明显，国有大型商业银行基本较为稳定（见图 5-5）。

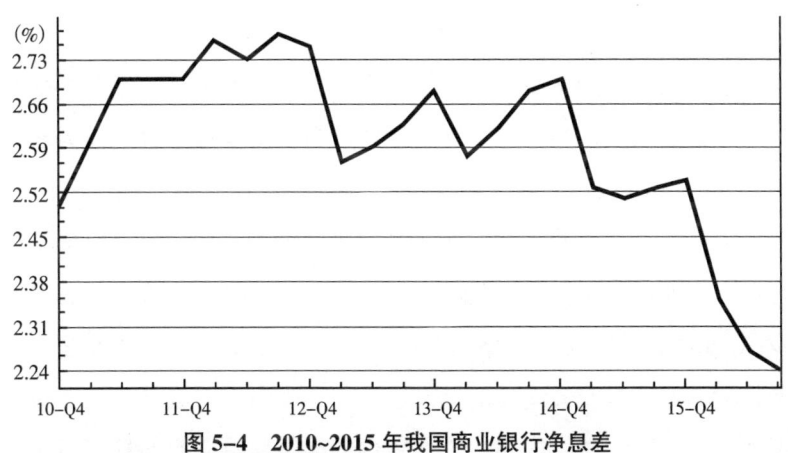

图 5-4　2010~2015 年我国商业银行净息差

资料来源：笔者根据 Wind 数据库整理。

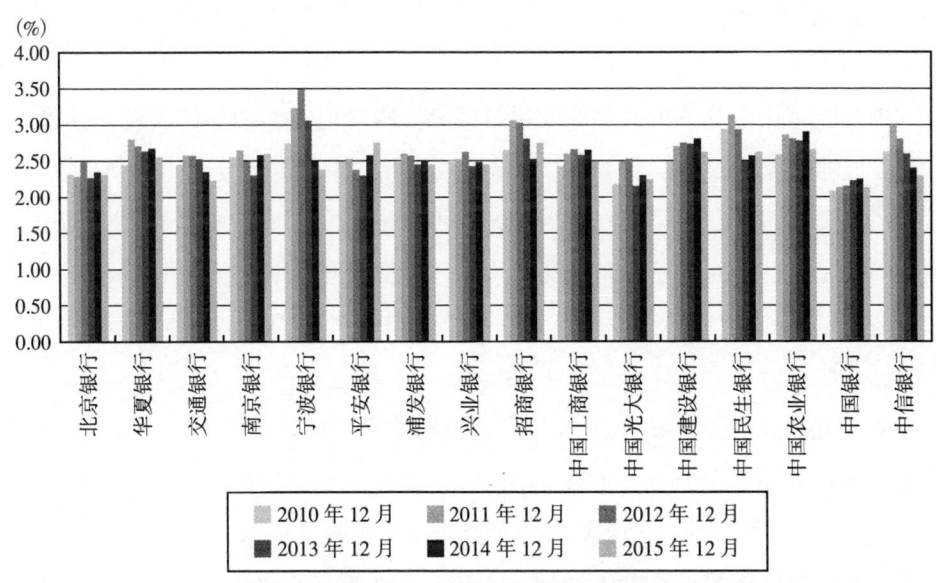

图 5-5　2010~2015 年我国 16 家上市银行净息差

资料来源：笔者根据 Wind 数据库整理。

影响净息差的主要原因：一方面是受人民币降息的滞后影响，且存贷款利率重新定价的期限不同是影响净息差的因素之一；另一方面还是受利率市场化的持续影响，使得贷款利率水平呈下降趋势。面对这样的形势，商业银行可能会重新调整自身的资产负债结构，增加贷款或是增加高息债券的投资比例，将会影响商业银行的经营风险。

3. 去产能对商业银行信贷风险的影响

商业银行是我国金融体系的重要组成部分，在供给侧结构性改革中商业银行将面临较大的信贷风险。当前产能过剩已经成为我国重点解决的任务之一。去产能就是总供给过度，超过了正常的总需求，造成资源浪费，因此要淘汰僵尸企业，提高生产效率。而产能过剩行业同时也是我国的传统行业，如煤炭、钢铁、水泥等行业。产能过剩行业效率较低、负债较高的同时占据着银行的大量信贷资源。在我国经济增速换挡和供给侧结构性改革的背景下，去产能使这些行业运行困难，资金链的短缺可能会造成部分行业经营环境恶化，盈利能力下降，潜在风险隐患不断累积，违约风险增加，使得银行贷款出现逾期或欠息，商业银行信贷风险增大。另外，随着经济步入新常态，经济增速放缓，银行信贷风险暴露增加，商业银行信贷风险的防范也面临较大压力，对商业银行信贷风险的防范也提出了挑战。

供给侧结构性改革中我国商业银行信贷风险防范方面的具体表现为：第一，信贷投放的行业或领域过于集中。供给侧结构性改革下，部分产能过剩行业成为潜在风险爆发的主力。第二，质押贷款中对于质押物的估值往往较高，经济增速放缓的情况下会导致质押物价值缩水。第三，银行业本身对信贷风险缺乏准确评估。商业银行对客户信贷违约风险出现的概率缺乏准确的评估，也会增加资产损失的可能性。

据中国银保监会发布的 2016 年商业银行监管数据显示：我国商业银行四个季度不良贷款余额分别为 13921 亿元、14373 亿元、14939 亿元和 15123 亿元，不良贷款余额总体呈上升趋势。其中第三季度不良贷款比第二季度末增加了 566 亿元，第四季度较第三季度末增加 183 亿元，增幅有所放缓；2016 年第四季度商业银行不良贷款率为 1.74%，比上季度末下降 0.02 个百分点。① 总体来说，从 2014 年后我国商业银行不良贷款率处于上升趋势（见图 5-6）。

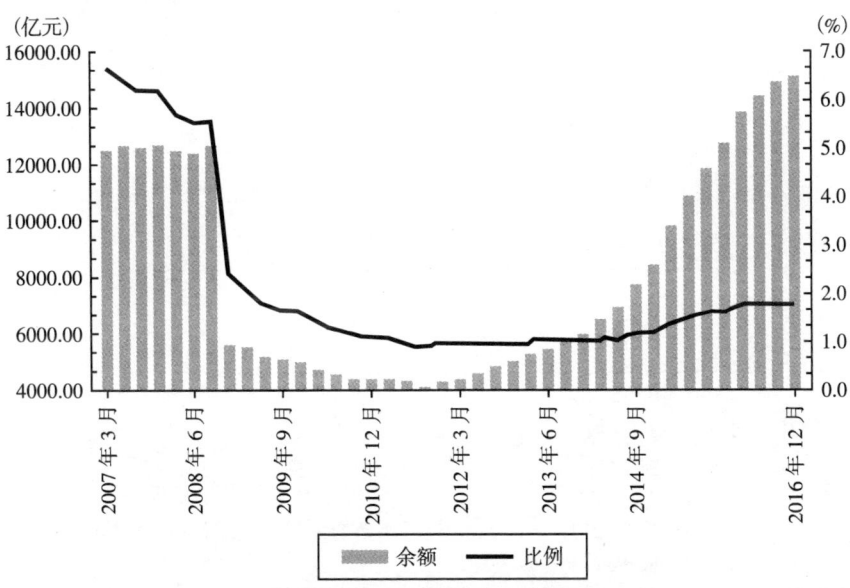

图 5-6　我国商业银行不良贷款余额和不良贷款率

资料来源：Wind 数据库。

（二）去库存与系统性风险

房地产市场的政策，既有紧缩性措施，如针对上海、深圳等一线城市，也有促进消费的宽松政策，如成都、沈阳等城市出台的政策。虽然这些政策具有差异性，房地产行业在 2015 年整体延续了 2014 年回落的态势，实体经济发展仍然欠佳。据国家统计局数据显示，2015 年各月住房待售面积同比呈增长态势，表明房地产市场供过于求的现象并未缓解。2016 年不少地区相继出台了调控但目标都是避免房地产价格出现大幅波动，促进房地产市场的健康发展。

从商品房销售情况来看，2015 年末，我国商品房待售面积达到 71854 万平方米，同比增长 15.6%。2016 年 2 月末，商品房待售面积 73931 万平方米，比 2015 年末增加 2077 万平方米。② 此外，我国商品房销售情况并不乐观（见图 5-7）。

---

① 资料来源：银保监会网站。
② 资料来源：住房和城乡建设部网站。

据国家统计局的数据显示，2016 年 2~11 月，我国商品房销售面积累计增长率整体呈下降趋势。2016 年 2 月累计增长率为 28.2%，2016 年 11 月累计增长率为 24.3%，尤其在后半年商品房销售面积累计增长率下降趋势较为明显。

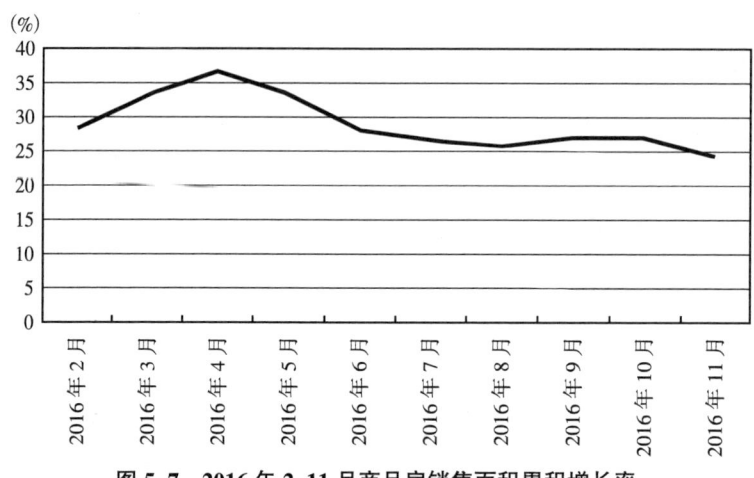

图 5-7　2016 年 2~11 月商品房销售面积累积增长率
资料来源：国家统计局网站。

从房地产开发企业投资资金来源情况看，我国房地产开发企业资金总额不断攀升（见图 5-8）。在各项资金来源中，房地产开发企业自筹资金和其他渠道筹集资金占比较高，2015 年这两项资金达到 83.6%；2015 年国内贷款占比相比 2014 年有所下降，主要原因在于房地产企业库存较高，导致商业银行向房地产企业开展贷款业务的积极性下降；而房地产开发企业利用外资以及外商直接投资两项在 2015 年均处于下降趋势（见图 5-9）。

根据国家统计局网站公布的数据显示，2016 年 11 月，房地产开发企业投资到位资金 129484.38 亿元，同比上升 15%。其中，国内贷款 19199.37 亿元，增长 3.1%；房地产投资利用外资 131.67 亿元，下降 49%；自筹资金 44772 亿元，增长 0.3%；其他资金 65381.34 亿元，增长 33.4%。

由以上数据分析可见，我国房地产开发企业资金结构化较为严重，其他渠道资金占比较大，而这些资金大多通过银行理财产品、保险公司理财、网络平台等高杠杆或银行表外业务融资获得，其潜在的风险不容忽视。

另外，从房地产贷款情况方面看，截至 2016 年 12 月末，金融机构人民币各

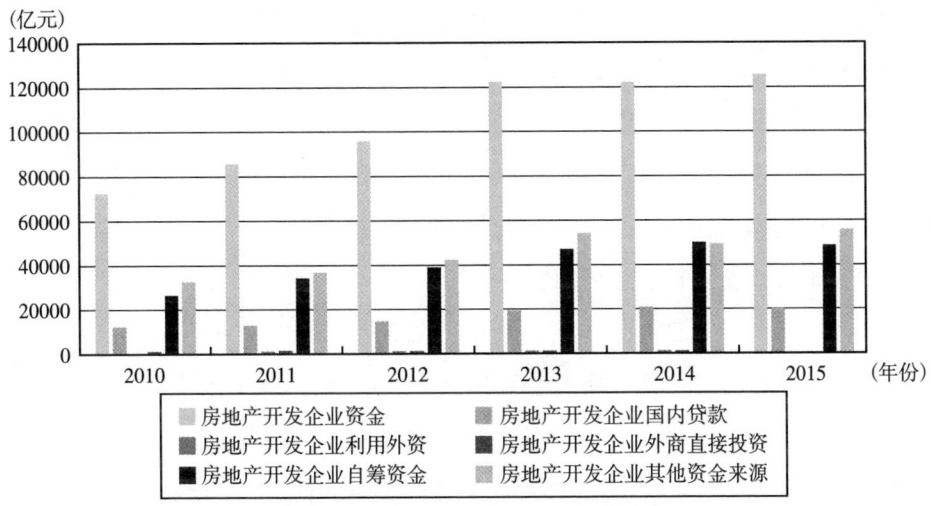

图 5-8 房地产开发企业资金来源状况

资料来源：国家统计局网站。

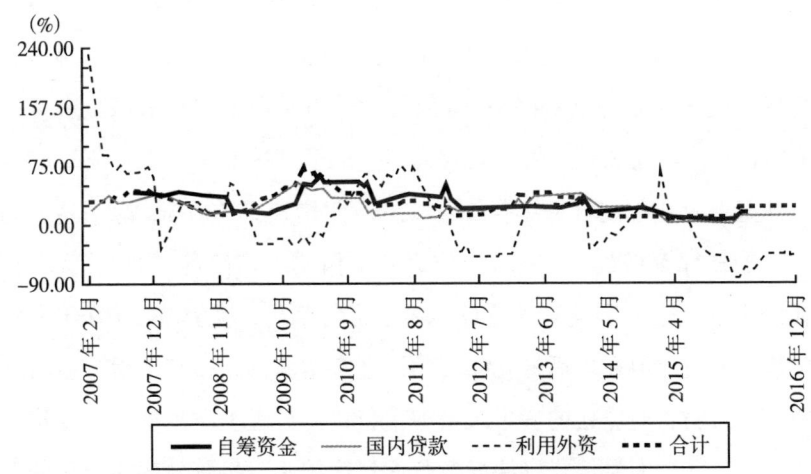

图 5-9 房地产开发企业资金来源同比增速

资料来源：Wind 数据库。

项贷款余额为 106.6 万亿元，同比增长 13.5%；人民币房地产贷款余额为 26.68 万亿元，占同期各项贷款余额的 25%，同比增长 27%；人民币房地产贷款余额全年增加 5.67 万亿元，同比多增加 2.08 万亿元，增量占同期各项贷款增量的 44.8%，比 1~11 月占比水平高出 0.2 个百分点。① 而在 2012 年末，人民币房地产

---

① 资料来源于中国人民银行《2016 年第四季度金融机构贷款投向统计报告》。

贷款余额为 12.11 万亿元，占同期各项贷款余额的 19.2%，同比增长 12.8%，全年贷款增量占同期各项贷款增量的 17.4%。①

以上数据分析显示，房地产贷款余额在金融机构各项贷款中的占比仍然较高，随着我国政府对房地产行业的调控，房地产价格出现波动的同时会使金融机构面临巨大的信贷风险。

（三）非金融企业部门杠杆率较高

截至 2015 年末，我国非金融企业部门的债务总额为 105.6 万亿元，占同期 GDP 的比重为 156.1%，其中除去地方融资平台中已计入地方政府债务的部分后，剩余总债务为 97.1 万亿元，占 GDP 比重的 143.5%。与同期政府部门（56.5%）和居民杠杆率（39.9%）相比，我国非金融企业部门的杠杆率最高。非金融企业部门杠杆率不仅在国内各经济主体中是最高的，而且不论与美、欧、日等发达经济体（70%~110%）相比，还是与以金砖四国为代表的新兴经济体（巴西 38%，印度 45%，俄罗斯 40%）相比都处于较高水平（见图 5-10）。我国非金融企业部门的杠杆率快速增长是在 2008 年次贷危机后，当时为了应对全球金融危机的冲击，政府推出了"4 万亿元"的刺激政策，采取了"扩信贷、扩投资"的经济增长方式，非金融企业部门杠杆率自 2008~2015 年增长了 58.1%，除去地方融资平台的债务后的杠杆率增长了 45.4%。依靠"扩信贷、扩投资"的经济增长方式，使中国在经济危机之后避免陷入全球经济衰退的陷阱，尤其在 2010 年全年都能保持两位数的增速。但在之后的几年，中国经济增速开始持续下滑，虽然货币投放力度并没有减弱，但宽松的货币政策在信贷资源分配上不均衡，以煤炭、钢铁等为代表的行业获得大量信贷资源导致行业过度扩张，投资效率逐渐降低，最终发展成为过剩行业，表现出了有效需求不足和供给的结构性失衡；此外，依靠债务扩张发展的企业在经济增速下行阶段发展后劲不足，盈利水平下降的同时背负着沉重的债务负担，无力进行技术升级和产品创新。随着未来经济持续下行，产能过剩问题依然严峻，部分债务负担过重、盈利能力较差的企业经营风险增大，可能面临资金链断裂的风险，而沉重的债务负担也会加剧经济金融体系的脆弱

---

① 资料来源于中国人民银行《2012 年金融机构贷款投向统计报告》。

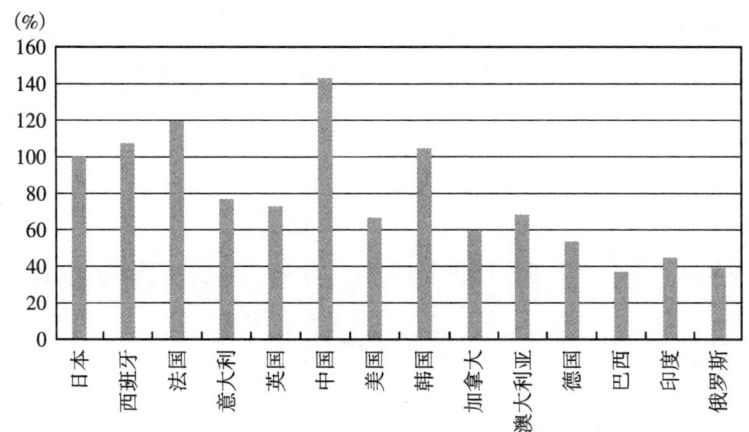

图 5-10　2015 年世界主要经济体非金融企业杠杆率指标
资料来源：笔者根据国泰君安证券研究整理。

性，对金融稳定产生影响。

三、宏观审慎政策对供给侧结构性改革的助推作用

建立和完善宏观审慎政策，主要是加强金融风险的事前识别和防范，有效实施逆周期监管，对系统性风险有识别能力。主要包括三个方面：一是降低金融体系的波动性，实施有效的逆周期监管；二是重点关注金融机构尤其是系统重要性金融机构的安全，维护金融稳定；三是对系统性风险的识别与管理以及中央银行如何采取有效的救助方式。

首先，供给侧改革中加强宏观审慎管理，对金融体系实施有效的逆周期监管，可以降低金融体系的波动性，减少供给侧改革中带来的金融风险，有效缓解供给侧改革中商业银行面临的信贷风险，保证金融机构的稳健运行，可以为实体经济的发展提供更多的流动性，促进产业结构转型升级发展。

其次，实施宏观审慎管理重点关注系统重要性金融机构的安全，可以防范金融风险在金融体系的蔓延与扩散。宏观审慎重点关注跨行业、跨部门的金融风险，从宏观角度关注商业银行的共同风险敞口，保证整个金融体系的安全运行。供给侧改革中结构性、区域性的金融风险将会显现，有效的宏观审慎管理将会降低区域性金融风险向系统性风险的演变。

最后，实施宏观审慎管理，关注资产价格波动，防止资产价格过快上涨而产

生泡沫，进而对系统性风险进行识别和防范，提前采取相关措施，保证金融体系稳健运行，维护金融稳定，才可以为供给侧结构性改革提供稳定的外部环境，推动改革的顺利进行。

第二节 供给侧结构性改革与货币政策的关系分析

供给侧结构性改革对宏观经济产生一定的影响，而货币政策是调控宏观经济的主要手段之一，在长期的宏观经济调控中，其政策目标、工具以及传导机制已经发展得较为完善。因此在供给侧结构性改革中货币政策仍然将发挥不可或缺的作用。本节将重点梳理供给侧结构性改革与货币政策之间的影响机理。

一、供给侧结构性改革对宏观经济的影响

首先，供给侧结构性改革对 GDP 的影响。供给侧结构性改革伴随着经济下行压力增大。改革开放到现在近 40 年的时间里，我国经济一直处于高速增长态势。2007 年第二季度，我国 GDP 同比增长率达到 14.5%。而近年来，我国经济步入新常态，经济增速放缓，2017 年我国 GDP 增速为 6.9%，意味着经济下行压力增大。供给侧结构性改革的推进，无论是对过剩产能的去除、僵尸企业的关闭还是产业结构的升级调整，在长期来看对我国经济发展具有巨大的推动作用，但是在短期内会对经济发展造成较大压力。

其次，供给侧结构性改革对就业与居民消费水平的影响。我国过剩产能集中在煤炭、钢铁、水泥等行业，而这些行业的地区集中度非常高。从当前重点产能过剩行业的地区分布来看，东北、华北地区将成为去产能的核心区域。例如，黑龙江煤炭石油占该省工业产值的 60%；山西是煤炭大省，煤炭产业是山西的支柱产业。2016 年山西煤炭行业率先退出产能 2000 万吨，到 2020 年预计退出 1 亿吨以上。去产能结构性调整会对这些地区的 GDP、财政收入以及就业产生极大的

影响，例如，山西 2016~2020 年去产能需分流 12 万人，2016 年需分流安置人员 2.7 万人。而近几年，这些地区 GDP 增速较慢，在支柱产业逐步收缩的同时新兴战略产业和高技术产业发展缓慢，致使这些地区后期经济发展动力不足，就业形势严峻，对当地居民消费水平造成一定的影响。

再次，供给侧结构性改革对企业生产和投资的影响。次贷危机之后外需市场萎缩，国内大规模的投资刺激许多行业的产能处于快速增长状态。随着经济发展和工业化后期的来临，类似钢铁、水泥等行业的产能相对于需求逐渐呈现出过剩态势。如果不加快去产能步伐，有可能导致产能过剩的矛盾更加突出，进一步影响银行的信贷状况和地方债务等问题。

产能过剩可能导致企业的恶性竞争。产能过剩行业销售利润不断下降，亏损较为严重。为了提高经济效益，可能会引发企业之间的恶性竞争，在相关行业形成潜在的经济风险。例如，煤炭开采和洗选业亏损总额累计值 2016 年 2 月为 186.60 亿元，2016 年 11 月为 567.60 亿元，除 11 月以外，其他每个月亏损累计值均呈增长态势；黑色金属矿采选业亏损总额累计值 2016 年 2 月为 30.90 亿元，2016 年 11 月为 97.30 亿元，除 11 月以外，同样其他每个月亏损累计值均呈增长态势；有色金属矿采选业亏损总额累计值 2016 年 2 月为 14.50 亿元，2016 年 11 月为 46.10 亿元，每个月亏损累计值同样呈增长态势（见表 5-1）。

表 5-1 煤炭、黑色金属以及有色金属行业亏损总额累计值

单位：亿元

时间 行业	煤炭开采和洗选业	黑色金属矿采选业	有色金属矿采选业
2016 年 2 月	186.60	30.90	14.50
2016 年 3 月	247.00	43.50	21.40
2016 年 4 月	325.90	54.40	26.60
2016 年 5 月	388.30	60.60	27.40
2016 年 6 月	435.90	72.40	31.10
2016 年 7 月	494.00	83.90	34.50
2016 年 8 月	539.20	91.20	37.00

续表

时间 \ 行业	煤炭开采和洗选业	黑色金属矿采选业	有色金属矿采选业
2016年9月	569.50	101.70	40.60
2016年10月	574.80	105.10	42.90
2016年11月	567.60	97.30	46.10

资料来源：国家统计局网站。

另外，供给侧结构性改革的推进也要重视对金融风险特别是区域金融风险的防范与控制。区域金融风险是一个地域概念，指在某一特定经济区域内金融系统潜在的风险，是我国金融风险的重要表现形式，主要与某些机构的微观金融风险在本区域内累积并扩散有关，同时也与本地区有经济联系的其他区域金融风险的传播、蔓延所引起的关联性金融风险有关。

区域金融风险主要表现为区域内的商业银行风险。无论从全国还是各个区域来看，商业银行都发挥着重要作用，是区域金融体系的重要组成部分。商业银行的发展对区域内金融业发展影响很大，在中小城市更为突出。因此，研究区域金融风险在某种程度上可以转化为研究区域内的商业银行风险。

供给侧结构性改革将会使一些行业和企业经营困难，部分企业甚至会出现资金链断裂，导致商业银行风险加大，资产质量恶化、不良资产率上升，在引发信用违约风险的同时有可能引发区域金融风险，对整个区域金融的稳定产生影响。而这种风险在某些传统行业比较集中的省份或区域表现非常突出，这些地区面临的区域金融风险增加。由于金融业务活动的复杂性、关联性，区域金融风险的扩散将会造成整个金融体系以及宏观经济更大的损失。

最后，供给侧结构性改革中的去库存任务也会对房地产行业产生较大影响，有关对房地产行业的影响在之前已经作出分析，此处不再赘述。

二、货币政策对宏观经济的调控作用

中国人民银行2016年2月发布的《2015年第四季度中国货币政策执行报告》中指出，按照党中央、国务院的战略部署，当前面对新的环境，中国人民银行应主动适应我国经济发展的新常态，继续实施稳健的货币政策，并且在保持政策连续性的基础上，更加注重政策的微调以保持货币政策的松紧适度，为供给侧结构性改革提供良好的保障。时任中国人民银行行长周小川指出，货币政策属于总需求管理，松紧适度的总需求管理可以为供给侧结构性改革提供良好的外部环境和更大的发展空间。接下来将重点分析货币政策对宏观经济的调控作用。

首先，货币政策实施对 GDP 的影响。货币政策工具主要有两大类：一类是价格型货币政策工具，如利率和汇率；另一类是数量型货币政策工具，如通过存款准备金率、公开市场业务和再贴现等手段实现调控货币数量的目标。从理论上来说有价格和数量两种传统传导机制。以凯恩斯学派为代表的货币政策传导机制中核心变量是利率，强调利率在经济中的核心作用，$M\uparrow \to r\downarrow \to I\uparrow \to Y\uparrow$；货币学派不认为利率在传导机制中具有重要作用，而是强调货币供应量在整个传导机制中的直接作用，$M\uparrow \to E\uparrow \to Y\uparrow$。因此，从理论上来说，利率与总产出负相关，货币供应量与总产出正相关。

从货币政策与产业结构的关系来看，货币政策通过调整货币供应量、利率、信贷规模等方式对产业结构与宏观经济产生影响。从 1991~2015 年广义货币 M_2 增长率与三次产业增长率的趋势来看，M_2 增长率与三次产业增长率的变化方向基本保持一致，可以看出一直以来货币供应量对三次产业发展的助推作用比较显著，货币政策对于产业发展和产业结构调整具有重要作用。在 2010 年之后，货币供应量对第一产业和第三产业的影响方向基本相同，但第二产业发展处于下降趋势，表明货币供应量对第二产业的发展影响并不显著（见图 5-11）。

其次，货币政策对居民消费水平的影响。货币政策可以通过利率和货币供应量两条途径影响居民价格水平。从理论上分析，央行增加货币供应量和提高利率对居民消费水平产生的影响是同向的。货币供应量的增加超过了社会总需求将会在一定程度上促进工资水平和物价上涨；央行提高贷款利率，导致企业融资成本增加，企业为了保持既定的利润水平就会提高商品的销售价格，从而提高整体物价水平。

再次，货币政策对企业生产与投资的影响。在微观层面，推动企业的技术进步和创新能力，通过降低企业负担等方式，积极培育一批创新型企业，提高企业的生产效率，通过资源的优化配置和技术的不断创新与进步来实现企业的优胜劣

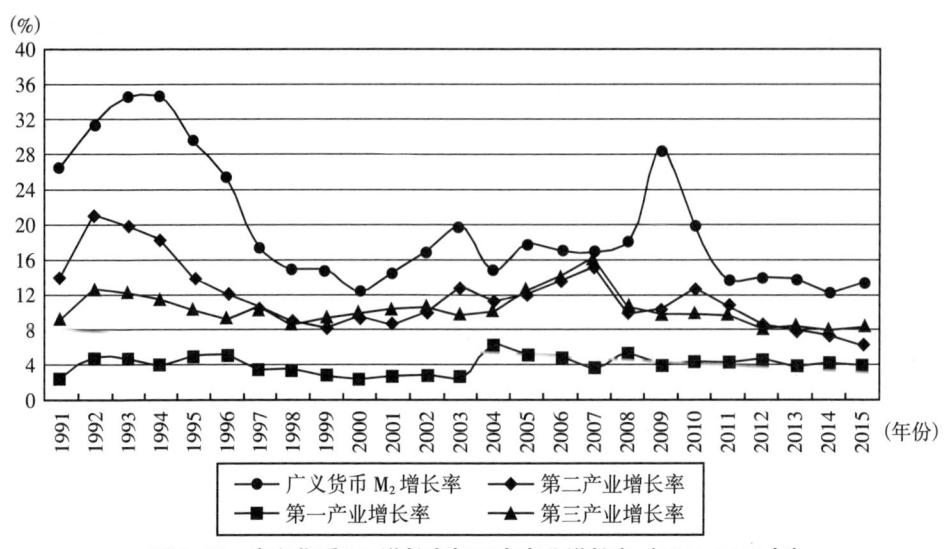

图 5-11 广义货币 M_2 增长率与三次产业增长率（1991~2015 年）

资料来源：《中国统计年鉴》。

汰。因此，加快实现从要素驱动向创新驱动的转变也是供给侧结构性改革的另一项重要任务。从货币政策与企业转型发展来看，货币政策的宽松程度与企业转型发展的关系较为密切。

微观企业的转型发展不仅与企业自身发展状况有关，还会受利率、信贷等融资成本的影响，而货币政策等外部因素对企业转型发展影响至关重要。假设企业转型发展所需外部融资为 $I_W = I - I_N$，其中，I_N 代表企业的自有资金，I 代表企业所需的新增投资，而 I_W 则是企业所需的外部融资。当 $I_W > 0$，外部融资成本取决于融资规模（H）和融资摩擦系数（β），而企业最优融资规模与融资摩擦系数（β）负相关，即 β 越大，企业最优融资规模 H 越小（中国人民银行课题组，2016），而 β 又与货币供应量负相关，即货币供应量增加，β 降低，越有利于企业转型发展，因此适度宽松的货币政策对企业转型发展具有较大推动作用。

最后，货币政策对房地产行业的影响。对于房地产行业的调控，货币政策也是非常有利的手段之一。当前我国供给侧结构性改革中去库存任务将会影响到房地产价格，货币政策工具——货币供应量和贷款利率会通过财富效应和信贷渠道效应对房地产价格产生影响。货币供应量与房地产价格正相关，即扩张性的货币政策将会导致居民总财富增加，可支配收入提高，对住房需求增加，房地产需求增加会刺激房地产价格上涨；而贷款利率与房地产价格负相关，央行提高贷款利率会提高房地产投资与需求成本，提高开发商融资成本和消费者还款负担，因此会抑制房地产行业的发展，促使房地产价格回落。

本小节分别从供给侧结构性改革对GDP、居民就业与消费、企业生产与投资以及房地产行业几个方面进行研究，又进一步分析货币政策对这几个方面的影响，表明货币政策对供给侧结构性改革具有较大的影响和调控能力，在一定程度上可以助推供给侧结构性改革。这部分内容仅从理论方面做出阐述，在后续的研究中将利用我国当前的数据构建实证模型对货币政策与宏观经济的影响进行进一步研究，为供给侧结构性改革提供更加充分的政策依据。

第三节 供给侧结构性改革与双支柱调控政策关系分析

通过前面章节分析可知，由于我国存在供需长短期结构性矛盾，部分行业产能过剩等一系列问题，国家提出通过出台一系列宏观调控政策，调整我国经济结构，尤其是供给结构，通过实施土地制度改革、金融体制改革等措施，淘汰落后产能，提升资本效率，实现要素的最优配置，提升我国经济增长的质量。供给侧改革的目的是深化我国经济改革，调整我国在改革开放过程中积累的一些问题，使我国的经济政策不断满足我国经济增长的需求。

货币政策作为我国一项重要的宏观经济调控政策，一直以来侧重于总量调控，供给侧更多地强调结构性改革，如何配合以结构性调整为主要任务的供给侧改革是货币政策当前亟须解决的问题。周小川（2016）指出，从本质上讲货币政策属于总需求管理，但是适度的总需求管理可以为供给侧改革提供更大的空间，更有利于推进结构性改革。供给侧结构性改革中，在充分发挥货币政策总量调节作用的基础上，应更加积极地发挥结构性货币政策的调控作用，对特定领域和行业进行定向操作，为产业结构调整、结构性改革创造良好适度的金融环境。

次贷危机后，巴塞尔委员会于2010年正式出台了《巴塞尔协议Ⅲ》，进一步强化对商业银行资本和流动性的监管，并于2015年进一步完善了宏观审慎政策框架。虽然宏观审慎监管是以金融监管角度作为出发点，但不局限于仅对金融体系的监管，更重视金融体系与实体经济以及宏观经济之间的关系。宏观审慎监管的目的是为防范和降低系统性金融风险，以及由此给经济波动和实体经济带来的风险。供给侧改革将产业结构调整作为主要任务，产业结构的优化升级将会对我国以商业银行为主导的金融体系的稳定产生重要影响，通过商业银行传导机制最终对整个宏观经济产生影响。

综上所述，供给侧结构性改革、宏观审慎以及货币政策三者最大的交集与传导渠道在于商业银行。由于我国金融体系以商业银行为主导，以商业银行为主体的间接融资也是企业最主要的融资渠道，供给侧改革中产业结构的调整会对商业银行产生直接冲击，影响商业银行的贷款流向和贷款质量等，而商业银行在产业结构调整中又可以起到引导资金流向的作用；对于货币政策而言，商业银行是连接货币当局和实体经济的纽带，货币当局通过货币政策工具影响商业银行的经营行为，从而间接对实体经济和个人的投资与消费产生影响，最终影响到宏观经济增长；对于宏观审慎政策而言，主要通过调控商业银行资本充足率、流动性、杠杆率等方面，对金融体系实施逆周期监管，识别和防范系统性风险，维护整个金融体系的稳定（见图5-12）。因此，供给侧改革中宏观审慎与货币政策的协调，可以有效引导与调节商业银行的经营行为，配合我国当前结构性改革、创新驱动等方面的资金需求，合理控制商业银行风险，既可以在产业结构调整中起到优化资源配置的作用，又可以降低供给侧改革对金融体系与金融稳定带来的负面影响。

随着我国供给侧结构性改革的推进，也引发了经济增速下降、就业问题严峻、金融机构不良资产增加等的"阵痛"。面对这些改革中的不稳定因素，有必要将宏观审慎与货币政策进行协调。次贷危机表明，只靠货币政策无法保证金融稳定，宏观审慎政策作为货币政策的补充，在宏观经济调控中起到不可替代的作用。选择将两种政策结合，有利于维护金融体系稳健运行和宏观经济的平稳发展。

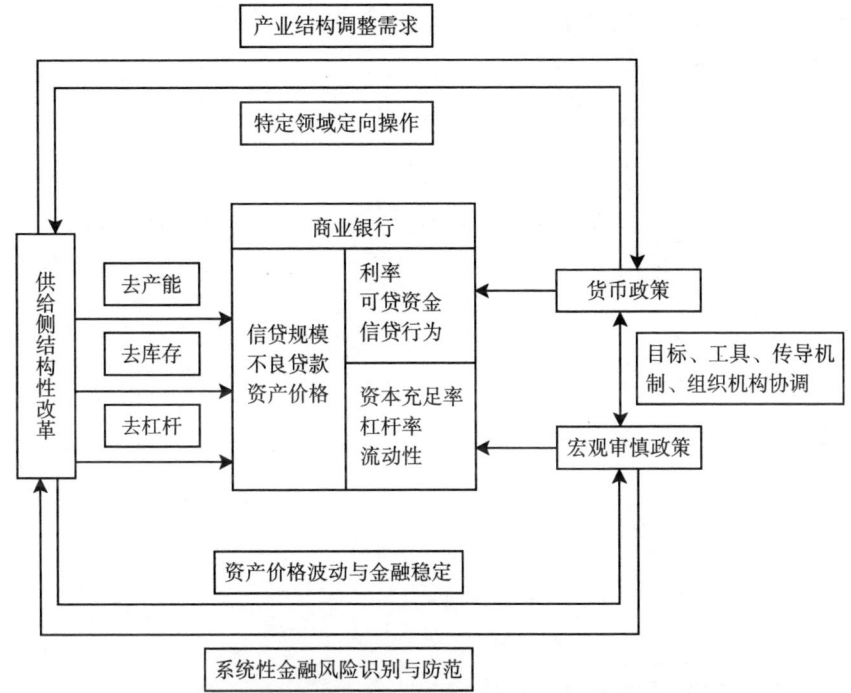

图 5-12 供给侧结构性改革、宏观审慎与货币政策关系分析
资料来源：笔者整理绘制。

但是要想发挥宏观审慎与货币政策在供给侧改革中的推动作用，需要对两种政策的协调进行系统性分析，两种政策需要在哪些方面进行协调，如何协调是接下来需要重点解决的问题，具体来说，有以下几个方面：

第一，根据供给侧结构性改革现状与存在的问题，重新审视宏观审慎与货币政策的目标。随着经济环境的变化，宏观经济政策也应该及时调整其政策目标，在正确的目标指导下，有针对性地处理宏观经济中出现的问题。

第二，根据供给侧改革的要求，开发与完善宏观审慎与货币政策工具。面对结构性调整，宏观审慎与货币政策工具也应体现其结构性，适当地对原有工具进行调整与改变，或者开发全新的政策工具，满足供给侧改革中的需求。

第三，为了顺利推进供给侧改革，加强宏观审慎与货币政策的传导机制协调。作为宏观经济政策，宏观审慎与货币政策有着相同的目标。但是作为两种独立的政策，两者又拥有各自相对独立的政策工具，两种政策的使用过程中难免有冲突和矛盾，疏通政策传导机制才能保证供给侧改革的稳步推进。

第四，供给侧结构性改革中宏观审慎与货币政策的组织机构协调。有关宏观审慎组织机构的设置目前各国并无统一定论，我国宏观审慎与货币政策的监管主体、实施权责等方面需要更加明确，同时还需要调整好两种政策与产业政策、财政政策等的协调与配合，为供给侧结构性改革顺利进行提供良好的保障。

第六章 双支柱调控政策的理论基础

2008年的次贷金融危机表明,单靠货币政策无法保证宏观经济的稳定运行,需要引入宏观审慎政策共同实现金融稳定目标。在实践中,宏观审慎政策重点防范和化解系统性金融风险,维护金融稳定,货币政策则侧重于维护物价稳定和促进经济增长,两者既相互影响又存在潜在的冲突,因此需要加强两种政策间的协调,使之维护金融稳定的效应最大化。

第一节 宏观审慎政策与货币政策的关系分析

从本质上看,宏观审慎政策与货币政策都属于宏观经济政策,对宏观经济发展具有重要影响,两者既有相同之处,又存在一些区别。

一、宏观审慎与货币政策的比较

从世界主要发达国家的实践来看,货币政策的主要目标是保持物价稳定,促进经济平稳增长。一直以来,各国中央银行主要采用货币政策工具进行宏观调控,中央银行采取的灵活政策利率等调控措施提升了宏观经济的稳定性。尤其在20世纪90年代中期至2007年,这一时期的通货膨胀率维持在较低水平,并且经济持续稳步增长,使得中央银行仅靠货币政策实现了宏观经济目标。

宏观审慎政策的主要目的是防范系统性金融风险,维护金融稳定。宏观审慎政策的一个重要内容是在对宏观经济周期趋势和金融体系风险进行判断的基础上，运用宏观审慎工具（如贷款价值比、动态资本金要求、前瞻性拨备损失等）减少金融机构的顺周期性，增强金融体系的抗风险能力，从而实现金融稳定。

尽管宏观审慎政策与货币政策的具体目标不同，但两者的相同点有以下几个方面：①根本目标一致性。货币政策主要控制通货膨胀，实现物价稳定，保证宏观经济健康稳定发展。宏观审慎政策的目标是化解金融风险，避免金融机构累积风险扩大，防范金融系统性风险和维护金融稳定。由于金融稳定是经济平稳发展的重要保障，因此从本质上说，两者的根本目标都是维护宏观经济稳定并对实际经济变量产生影响。②宏观性。宏观审慎政策与货币政策都属于宏观经济政策，都是从一国乃至国际视角，对宏观经济金融问题进行研究，运用宏观经济手段和工具，作用于金融系统，间接对宏观经济实现总量调节，具有宏观性。③逆周期性。货币政策目标具有逆周期特征，在物价水平上升时，货币政策采取逆向操作，紧缩货币以降低物价水平。若信贷增长过度或资产泡沫所带来的系统性风险累积和金融失衡时，将采用宏观审慎工具进行逆周期调节，降低信贷过度扩张带来的不稳定因素。④相关性。有效的宏观审慎政策和货币政策能够相互促进，宏观审慎政策的实施增强了金融体系的弹性，降低在信贷供给领域的金融摩擦效应，稳定的金融环境可以增强货币政策的有效性；另外，宏观经济的稳定也会降低顺周期所带来的金融体系的脆弱性，有助于金融稳定的实现。宏观审慎政策与货币政策拥有各自独立的运作空间，同时又彼此关联，重点在于两种政策的协调与配合。

宏观审慎政策与货币政策同样存在不同之处，具体来说：①政策目标量化程度不同。作为宏观经济政策，政策目标的量化程度非常重要，涉及到政策工具的实施、效果的评价等方面。物价稳定作为货币政策目标，通常使用 CPI 作为量化指标，其量化的程度和可测性方面是比较明确的；而金融稳定作为宏观审慎政策的目标，量化程度和可测性还有待于进一步细化。②影响范围不同。虽然两种都是宏观经济政策，但是货币政策实施通过金融体系间接影响整个经济的发展与运行；而宏观审慎政策的实施更多地影响金融体系，是对金融系统性风险的防范与监管。③传导机制不同。货币政策从制定与执行、工具的使用到政策目标的实现，已经形成一套完整的传导机制，对经济产生的影响与效果也较为明确；而宏观审慎政策还处于不断发展与完善当中,传导机制尚不明确。

二、宏观审慎与货币政策的相互补充与冲突

宏观审慎与货币政策既有相同之处,又存在区别。宏观审慎政策作为货币政策的补充,两种政策协调能获得更大的收益。但宏观审慎与货币政策又是两种独立的政策,拥有各自相互独立的政策工具,在实施过程中难免会有相互影响和潜在的冲突。

(一) 宏观审慎政策与货币政策相互补充

可以从时间和截面两个维度来研究宏观审慎对货币政策的补充。具体来说:在时间维度上,宏观审慎政策采取的是"事前控制"策略,弥补了货币政策一直以来采取"事后救助"的不足。在如何维护金融稳定方面,诸如贷款价值比、动态拨备等宏观审慎"事前控制"工具比货币政策更加有效;在截面维度上,传统观点认为物价稳定与金融稳定具有一致性,无须将金融稳定纳入货币政策框架。而宏观审慎政策弥补了货币政策对金融稳定的重视不足,与重点关注通货膨胀的货币政策形成互补。

在应对金融稳定问题上,虽然宏观审慎政策对货币政策更加直接有效,但仅依靠宏观审慎政策应对金融体系的顺周期性,政策成本过高,实施起来比较困难。[1] 而通过实施有效的货币政策,可以维持稳定的通胀水平,在一定程度上能够为宏观审慎政策的实施提供良好的外部环境,有利于降低政策实施的成本。

(二) 宏观审慎政策与货币政策目标的冲突

对于金融稳定是否应纳入货币政策框架,学术界目前尚有争论,但对于宏观审慎与货币政策目标已达成部分共识:宏观审慎的最终目标是防范系统性金融风险,维护金融稳定;而货币政策的最终目标是维持物价稳定,控制通货膨胀,促进经济增长。宏观审慎与货币政策的目标密切相关,相互影响。

宏观审慎和货币政策,从长期来看其对应的金融稳定和物价稳定两个目标并没有冲突,而是相互促进的。而在货币政策传导机制中,金融机构起到非常重要

---

[1] Borio C., Drehmann M. Assessing the Risk of Banking Crisis Revisited [R]. BIS Quarterly Review, 2009.

的作用，宏观审慎维护金融稳定的目标可以为货币政策目标的实现提供相应的保障，而货币政策目标的实现也为宏观审慎政策的实施提供一个稳定良好的环境。

从中短期来看，宏观审慎与货币政策的关系可能是互补、独立或冲突，具体情况取决于金融体系和实体经济的发展状况（见表6-1）。

表6-1 宏观审慎政策与货币政策目标相互关系

	通胀水平高于目标	通胀水平接近目标	通胀水平低于目标
金融繁荣时期	互补	独立	冲突
金融稳定时期	独立	独立	独立
金融萧条时期	冲突	独立	互补

资料来源：笔者根据 Denis Beau 等（2011）整理。

当经济中金融发展与物价水平呈现同向波动时，同时使用宏观审慎与货币政策能起到叠加作用，效果更加明显；当经济中金融发展与物价水平呈反方向变化时，宏观审慎政策与货币政策之间就会出现潜在的冲突。[①]

两种政策冲突的典型案例是当经济中存在资产价格泡沫，而经济周期却处于下行阶段，即金融体系和实体经济中都发生了供给和需求的失调，但是两者发展方向却相反。面对资产价格泡沫，宏观审慎政策的目标是限制信贷扩张和流动性的增长，但是宏观审慎政策的实施在维护金融稳定目标的同时将会加剧整个经济活动的收缩，加大对价格稳定的冲击，进而对物价稳定和产出增长产生不利影响，使货币政策维持物价稳定的目标难以实现。

从货币政策的角度，面对经济周期处于下行阶段，货币当局更倾向于实施宽松的货币政策。货币政策的扩张导致利率的降低，从而扩大商业银行信贷规模，由于经济处于下行阶段，实体经济发展环境欠佳，新增的货币供给在这种环境下可能更多流向房地产等行业，将会带动房地产价格在内的资产价格上涨。另外，从商业银行的角度也可能产生刺激激励。宽松的货币政策会刺激商业银行通过资产互换、风险转移等渠道相互作用获取更多收益，同时也承担更大的风险，从而

[①] Smaghi, Lorenzo Bini. ECB: Macro Prudential Supervision and Monetary Policy [R]. The OeNB Annual Economic Conference on the Future of European Integration: Some Economic Perspectives, 2011.

使金融体系内部风险累积增加。

实施宏观审慎政策维护金融稳定的同时，也可能对宏观经济其他方面产生影响。为了抑制系统性风险，势必要加强银行资本和流动性管理，严格的资本管制会减缓经济复苏的进程。宏观审慎监管标准的实施需要一个缓冲期，有了过渡期的缓冲，才能对宏观审慎政策的效果有更清晰的认识，才能够尽量避免宏观审慎政策对正常信贷的影响，延缓经济复苏的势头。2012年11~12月，美国、欧盟以及中国都推迟实施《巴塞尔协议Ⅲ》，正是由于失业率较高，需要宽松的货币政策刺激经济发展，而宏观审慎政策的实施对货币政策具有抵消的作用，影响经济复苏。

第二节 双支柱调控政策的理论分析

各国在经济发展过程中，想要实现物价稳定与金融稳定两个目标，按照丁伯根法则，就需要两种相互独立的政策工具，宏观审慎和货币政策的实施并不是简单的组合，而应重点考虑两者之间的相互影响，相互协调。

一、政策目标

宏观审慎与货币政策的目标协调是两种政策相互协调的前提和基础。有必要对宏观审慎政策和货币政策的目标进行界定、协调。

（一）目标界定

货币政策的终极目标是经济增长、物价稳定、充分就业和国际收支平衡。各国在不同时期由于经济发展状况不同，货币政策所实现的目标略有不同，但是世界各国大多都把物价稳定作为货币政策的首要目标。货币政策的物价稳定目标可以通过居民消费价格指数（CPI）进行监测。

从宏观审慎监管目标层次来看，宏观审慎政策目标可以划分为最终目标、直接目标和操作目标。宏观审慎政策的最终目标是维护金融稳定，降低金融不稳定带来的宏观经济成本；宏观审慎监管的直接目标是防范和化解金融系统性风险，减少金融动荡及金融危机的发生，但在系统性风险的来源上有所差别；宏观审慎监管的具体目标则是为降低系统性风险产生的成本。国际清算银行（BIS）指出宏观审慎监管的具体目标是防范和降低系统性金融风险，增强金融体系抵抗风险的能力。具体来说，宏观审慎监管的具体目标应该包含两个方面：一是要积极采取措施防止金融体系中系统性金融风险的累积，二是要加强金融体系本身应对经济波动和遭受外部冲击之后的自我修复能力。宏观审慎监管重点关注单个金融机构以外的风险因素，包括外部冲击的关联性以及金融机构应对冲击时的相互影响。

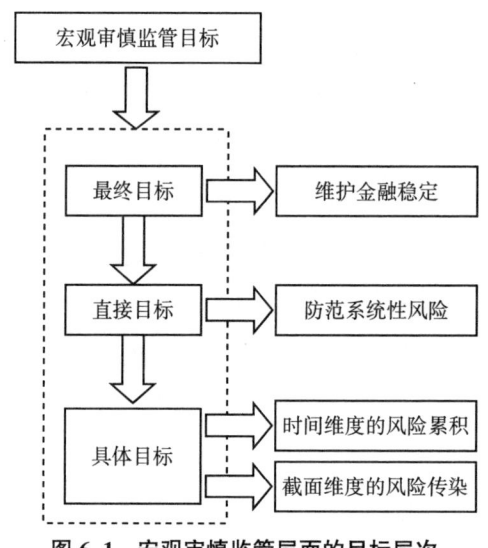

图 6-1 宏观审慎监管层面的目标层次

资料来源：笔者自己整理绘制。

从操作层面上看，大部分研究主张从时间与截面维度对宏观审慎的具体目标进行研究。时间维度的监管目标是将金融系统视作一个整体，主要关注整个金融系统的变动，关注整个金融系统的运行状况与顺周期变化。从这一角度来看，宏观审慎监管必须要重视金融体系的内生性风险随时间的动态变化。正是由于金融体系与经济周期波动之间的正反馈效应，使得金融体系存在顺周期性；截面维度的监管目标关注的是在某一时点上，由于金融机构之间的相互关联和风险共同承担，所引发的风险在金融部门之间的传染。截面维度的监管是特定时期，从跨部门的角度关注金融体系内的风险分布，因而需要关注各个金融机构的投资组合和金融产品之间的风险关联，防止系统性风险在金融部门之间相互传染，从而增强整个金融体系的稳健性。

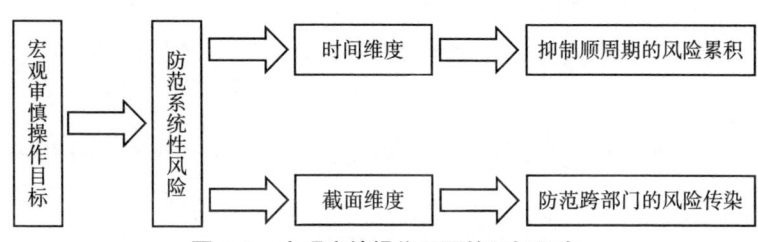

图 6-2 宏观审慎操作层面的目标层次

资料来源：笔者自己整理绘制。

（二）目标协调

关于宏观审慎与货币政策目标的协调，有国内外学者从价格稳定与金融稳定组合的角度进行分析。王兆旭（2011）、朱恩涛等（2016）在 Willem（2010）信号模型的基础上研究中央银行如何在货币政策和金融稳定之间进行权衡。由于对金融稳定的定义尚无统一界定，在信号模型中，宏观审慎政策更多从调节金融失衡角度入手；货币政策主要用于调节价格失衡，达到维护价格稳定的目标。由于通货膨胀和金融信号的变化并不一定能达到同步，根据不同的信号做出相应的政策选择显得较为重要。

表 6-2 宏观审慎和货币政策目标协调组合

	CPI^e > 通胀目标值	物价稳定	CPI^e < 通胀目标值
金融失衡信号 （繁荣时期）	Ⅰ 良好信号	Ⅱ 错误信号	Ⅲ 混乱信号
金融稳定	Ⅳ 漏报信号	Ⅴ 正常信号	Ⅵ 漏报信号
金融失衡信号 （萧条时期）	Ⅶ 混乱信号	Ⅷ 错误信号	Ⅸ 良好信号

资料来源：笔者根据王兆旭（2011）、朱恩涛等（2016）整理。

表6-2中第一行是价格变量,代表货币政策,描述通胀预期(CPI^e)和通胀目标值之间的关系。通常情况下央行会在一个时期内设立相对稳定的通货膨胀目标区间,若通胀预期(CPI^e)高于或低于该目标区间,央行将通过调整货币政策工具来影响通胀预期,实现价格稳定;第一列是金融信息变量,代表宏观审慎政策,用于监测金融稳定风险,金融信息变量同样也存在一个代表金融稳定状态的目标区间,超过或低于该目标区间则代表金融处于失衡状态,即金融过度繁荣或过度萧条。

理论上根据通胀预期与金融稳定的不同状态可以有九种不同的组合,分别表示五种不同的信号:正常信号、良好信号、错误信号、混乱信号和漏报信号。其中,Ⅴ代表经济中同时达到物价稳定和金融稳定,是不需要任何政策操作的正常信号,也是货币政策与宏观审慎政策协调的最佳状态。但是在经济运行过程中,大多都处于不均衡状态。

Ⅰ和Ⅸ区域代表价格指标和金融指标同方向运行。在区域Ⅰ代表通货膨胀高于目标值和金融过度繁荣,金融变量释放出了良好的信号,在这种情况下货币政策与宏观审慎的协调相对简单,央行可采取紧缩的货币政策和紧缩的宏观审慎政策来抑制通货膨胀和金融过度繁荣;区域Ⅸ则代表通货膨胀低于目标值和金融过度萧条,与区域Ⅰ的情况正好相反。

Ⅱ和Ⅷ代表物价稳定,但金融却处于失衡状态,即金融变量发出了错误的信号。这种情况下,调节金融失衡成为中央银行的主要任务,央行会采取宏观审慎政策调节金融失衡。但是宏观审慎政策在调节金融失衡的过程中会对物价产生影响,原先的物价稳定状态难以维持,所以中央银行必须在货币政策和宏观审慎政策之间进行权衡。

Ⅳ和Ⅵ代表的是另外一种与区域Ⅱ和Ⅷ类似的状态,即金融领域相对稳定而物价却处于失衡状态。这种情况下,通货膨胀超出央行设定的稳定区间,金融变量却因处于相对稳定状态而漏报某些信号。中央银行同样需要在宏观审慎与货币政策之间进行权衡,如果因金融信息漏报而不采取任何措施,就无法调节物价失衡状态;反之,如果中央银行为维护物价稳定而采取调控措施,可能会对金融领域造成影响,原先金融稳定的状态可能会无法维持。

Ⅲ和Ⅶ代表混乱信号,即通货紧缩与金融过度繁荣同时存在,或者是通货膨胀和金融萧条同时存在。在这种状态下,为了应对通胀(通缩)央行采取的货币政策措施会加剧金融萧条(繁荣);同样,为了应对金融过度繁荣(萧条)的宏观审慎政策也会使通缩(通胀)加剧。这种情况下央行同时兼顾两个目标的难度加大,货币政策与宏观审慎政策的权衡也遭遇最大挑战。

通过以上分析可以看出,货币政策和宏观审慎政策由于有各自不同的政策目标,维护政策目标的过程中可能会出现政策的叠加或相互抵消。宏观审慎与货币政策的协调应依据经济金融形势的变化而做出动态调整。

二、政策工具

尽管宏观审慎与货币政策的协调有利于维护金融稳定,但是在实施过程中也会面临不少困难。从操作层面上看,宏观审慎监管目标分为时间维度和截面维度,跨行业的截面维度重点在于处理金融机构之间的共同风险,这些风险源自于金融机构直接暴露于相同或相似的资产类别,或者是金融机构之间由于业务交叉产生的间接风险暴露,应重点关注特定时点风险在金融网络中的传播。宏观审慎政策的有效性可以防范或减少系统性风险,为货币政策传导机制顺利进行提供保障。而货币政策的顺利实施又会对金融市场产生影响,进一步影响企业的资产负债表,进而对金融稳定造成影响。

宏观审慎政策与货币政策目标的实现都需要相应的工具来实现,因此宏观审慎和货币政策工具的配合与协调也是重要的组成部分。有关宏观审慎政策工具在第二章中已做详细介绍,概括来说大致可分为:与资本相关的工具,如逆周期资本缓冲、动态拨备、利润分配限制;与流动性相关的工具,如货币错配限制(NOP)、巴塞尔协议Ⅲ引入的流动性覆盖率(LCR)、净稳定融资比率(NFSR)等;与信贷相关的工具:如信贷总额或信贷增长率上限、外汇敞口头寸、外汇贷款限制等;与贷款资格标准相关的工具:如贷款价值比(LTV)和债务收入比(DTI)等。而货币政策经过多年的发展,已经形成了一套完整的政策工具。当前我国货币政策工具使用较多的主要是存款准备金率、再贴现政策、公开市场操作、利率政策、汇率政策以及窗口指导等。

一直以来，宏观审慎政策和货币政策的使用都存在基于规则和相机抉择的争论。基于规则的货币政策和宏观审慎政策透明度较高，与公众交流较为便利，政策的导向性较为明确；基于相机抉择的政策灵活性较高，在不同的经济环境下易于操作。目前理论界较为统一的是建立一种基于规则的基准政策在正常状态下使用，同时根据经济金融环境的变化可以使用相机抉择。此外，各国宏观审慎工具的使用与经济体所处的发展阶段、系统性风险的来源与监测能力、对监管成本的忍受度以及监管的强度和控制力有关（张敏峰、李拉亚，2013），同时也会影响到宏观审慎工具与货币政策工具的配合。

国际清算银行（BIS）下设的全球金融体系委员会（CGFS）在2012年12月发布的《宏观审慎工具的选择与应用》中提出了宏观审慎工具的使用时机：在金融周期上行时期，应紧缩宏观审慎工具；在金融周期下行时期，若伴随危机爆发，宏观审慎工具需要迅速放松以避免过度去杠杆化；若未发生危机，放松宏观审慎工具有助于降低经济下行带来的不利影响。在经济繁荣时期，宏观审慎工具的使用需根据具体情况来判断，应根据宏观审慎工具的相关性、数据的可得性以及使用的便利性等方面综合选择合适的指标，基于此类指标发出的信号选择宏观审慎工具的使用。同时如果确定宏观经济中存在系统性风险，就应加大使用宏观审慎工具进行调控。

从两种政策各自服务的目标来看，如果宏观经济主要受到房价等资产价格冲击时，应更多使用宏观审慎工具；如果宏观经济受到物价等冲击较大时，则更多使用货币政策工具。当经济中资产价格与物价都受到冲击，则需根据具体情况判断，并在宏观审慎政策与货币政策工具间做出权衡和协调，通过两种工具的相互促进，实现政策效果的最大化。

三、传导机制

（一）货币政策影响金融稳定的渠道

学术界通过对货币政策决策与执行、传导渠道以及政策效果的分析，认为货币政策主要通过三种渠道对宏观审慎政策的最终目标金融稳定产生影响。

商业银行信贷渠道。货币政策通过信贷渠道对借款和违约的影响。宽松的货币政策降低对抵押品的限制，使外部融资成本降低，为信贷市场提供相对宽松的环境。如果货币政策随着经济环境发生变化而改变，紧缩的货币政策将使利率提高，加重借款者的还债负担。同时，随着利息的提高，生产和经营活动受到影响，也会影响到借款人的盈利能力，借款人的偿债能力减弱，可能导致违约增加，加大金融不稳定的风险。

货币政策的风险承担渠道。货币政策风险承担渠道在以往经常被忽视，是作为传统货币政策信贷传导渠道的重要补充。货币政策利用其政策工具首先对资产价值、金融机构融资成本以及风险资产定价等方面产生影响，其次影响到金融机构对风险的识别和容忍度，进而对金融机构的信贷和投资产生影响，最终影响产出和金融稳定（Borio 和 Zhu，2008），因此与宏观审慎政策关系密切。货币政策的风险承担渠道主要关注商业银行对风险的识别和容忍度，进而通过改变信贷标准，达到更多地承担或控制信贷风险的目的。

资产价格渠道。货币政策通过影响资产价格，进而影响抵押物价值，进一步影响借贷约束的松紧程度。低利率导致资产价格上涨，引起杠杆过度增加，这将加剧金融周期的波动。从理论上来看，宽松的货币政策会增加贷款者的资产价值和借款者的资本净值，从而引起贷款供需的增加，在金融加速器机制的作用下，推动资产价格进一步上涨。但实践当中，由于各国具体情况不同，货币政策与资产价格之间并不一定有必然联系。

(二) 资产价格对金融稳定的微观传导机制

资产价格作为宏观审慎与货币政策之间的纽带，其对金融稳定影响的微观机制主要有以下四个方面：第一，银行信贷机制。资产价格波动影响金融稳定的最主要渠道是银行信贷机制。当资产价格发生波动会影响抵押品价值变化、企业资产负债表发生变化以及影响银行资本充足率，从而影响到贷款规模和银行信贷投放行为（见表6-3）。第二，市场流动性机制。资产价格波动也会通过市场流动性影响金融稳定。例如，银行信贷产品、金融衍生产品保证金以及股票等金融产品在资产价格上涨时规模会相应扩大，当资产价格下降时则被大量抛售，造成市场流动性紧张，系统性风险增加，影响金融市场的稳定性。第三，信息不对称机制。由于金融市场中存在信息不对称引发的道德风险和逆向选择，在一定程度上阻碍了金融市场实现资金的合理配置，而实体经济难以获得与自身风险状况相匹配的信贷资源，加剧了金融市场的不稳定。第四，非理性行为机制。资产价格波动影响金融稳定的非理性行为——"羊群效应"。行为金融学否定了传统金融学的理性经济人假设，当资产价格发生波动时，投资者的非理性行为往往会促使资产价格发生更大的波动，对金融稳定产生不利影响。

表6–3 资产价格波动的银行信贷机制分析

	影响渠道	作用机制	影响目标
银行信贷机制	抵押品价值渠道	各类资产作为抵押品担保向银行融资	贷款规模变动
	资产负债表渠道	资产价格波动引起企业资产负债表的变动	信贷规模变动
	银行资本渠道	资产价格波动影响银行资本充足率	银行信贷投放行为

资料来源：笔者根据相关资料整理。

四、组织机构设置

宏观审慎与货币政策协调还需要考虑实施主体的安排。中央银行作为货币政策的实施主体已经很明确，而对于宏观审慎实施主体如何设置目前尚无统一定论。

理论界对宏观审慎与货币政策实施主体的争议集中于统一设置还是分别设置。一种观点是支持将宏观审慎与货币政策监管权力集中于中央银行，中央银行在制定实施货币政策的基础上兼顾宏观审慎政策的制定与实施。这种观点认为拥有最后贷款人职能的中央银行在应对系统性风险方面具有诸多优势，同时中央银行可以利用其在制定和实施货币政策方面的优势与经验，在协调货币政策与宏观审慎政策方面更具有主动性和前瞻性。中央银行集中货币政策与宏观审慎政策在信息共享、降低协调成本方面更具优势。另一种观点是建议建立由多个部门组合成协调委员会，另设机构实施宏观审慎政策。当然这种支持单设的观点并不是将宏观审慎和货币政策完全孤立，而是要更好地发挥两种政策之间的综合和协调能力。支持宏观审慎政策执行机构单设的观点认为，如果中央银行同时拥有宏观审慎与货币政策的执行权，当两者发生冲突时，中央银行在平衡两种政策的独立性方面难以把握。例如，当资产价格泡沫即将破灭时，中央银行往往更倾向于使用货币政策来增加流动性的方式去救助,而不是采用宏观审慎政策去刺破泡沫(Agur 和 Sharma,2013),因此建议单独设立宏观审慎管理机构。

尽管在理论上对宏观审慎的实施主体有一定分歧,但在实践中有关宏观审慎实施主体究竟如何设置,是根据各国的政治、经济、法律等情况而定。主要发达经济体的实践,如拥有欧盟宏观审慎监管权限的是欧洲中央银行(系统性风险管理委员会 ESRB)。2009 年 2 月,《欧盟金融监管体系改革》报告中称中央银行在宏观审慎系统中具有关键作用,应赋予其明确而正式的授权,便于对宏观金融风险评估与风险预警;美国宏观审慎的核心权限在美联储(金融稳定监管委员会 FSOC)。2010 年 7 月,美国实施《多德—弗兰克法案》,宏观审慎监管组织框架、理念和范围等被进一步明确,美联储的地位也被重估,正式建立了宏观审慎与货币政策的联系;英国央行董事会下新设金融政策委员会(FPC),作为专门负责宏观审慎监管的机构。2013 年开始实施双峰监管模式,明确中央银行与宏观审慎之间关系的同时,全面提升了英格兰银行的金融监管职能;法国于 2010 年在合并银行业和保险业监管部门的基础上,新设了审慎监督管理局(ACP),同时为加强与中央银行的联系,确立法兰西银行的核心地位,法案规定 ACP 委员会主席由法国中央银行副行长担任。从发达经济体的实践中可以看出各国中央银行在宏观审慎监管中具有重要地位。

从世界范围内看,目前实践中已经形成三种主要模式(见表 6-4),中央银行主要负责宏观审慎监管,宏观审慎决策由董事会和行长负责;在中央银行内部专门设立负责宏观审慎监管的部门;由中央银行以外的部门负责宏观审慎监管,并将央行纳入该部门。

对于实施主体的权责设置、激励机制、约束机制、政策边界安排则是更加难以量化,甚至难以定性的问题,并且这些问题与实施主体的设置方式有关。从根本上看,宏观审慎与货币政策在组织形式方面协调与配合的同时需要保持独立性,并且需要对宏观审慎与货币政策的目标界定、工具选择、干预时机、监测预警、决策机制、政策边界、激励约束、执行过程以及完善的跟踪机制等方面进行协调和配合(王元涛、郭树华,2015)。

表 6-4　宏观审慎政策制度框架模式

	中央银行负责宏观审慎监管		专门设立宏观审慎监管机构
	董事会或行长负责	央行内部专设委员会负责	央行以外专设机构负责
实施宏观审慎政策的国家（或地区）	新西兰、新加坡、俄罗斯、捷克斯洛伐克、立陶宛、印度尼西亚、以色列、塞浦路斯、捷克、匈牙利、黎巴嫩、爱尔兰、阿根廷、比利时、意大利*①、荷兰*、葡萄牙*、中国香港*、巴西*、爱沙尼亚*、挪威、瑞士②	英国、南非、沙特阿拉伯、泰国、摩洛哥、阿尔及利亚、马来西亚*	波兰（C）③、丹麦（C）、罗马尼亚（C）、马耳他（C）、美国（M）④、法国（M）、德国（M）、韩国（M）、冰岛（M）、奥地利（M）、土耳其（M）、智利（M）、墨西哥（M）、印度（M）

资料来源：笔者根据 IMF、FSB、BIS 公开资料整理。

第三节　双支柱调控政策与银行风险承担的关系分析

商业银行是宏观审慎政策和货币政策实施与传导的最重要环节，银行风险承担把风险视作货币政策传导中的重要因素，银行的风险偏好会根据不同的货币环境而发生变化，从而影响信贷供给行为的变化。次贷危机过后，许多学者重新审视了货币政策的传导理论，风险承担渠道也成为一种相对独特的传导机制。

国内外学者把银行风险承担渠道视作传统渠道以外的一种新渠道，央行通过使用货币政策工具达到对最终目标的影响可以通过两条渠道：一种是以货币和信贷为主的传统渠道，另一种是以银行风险承担为主的新渠道，具体传导过程如图 6-3 所示。

---

① 带 * 的国家或地区表示另设有其他监管机构参与。
② 挪威和瑞士央行负责发布逆周期资本缓冲的监管建议，但缓冲比率由财政部和瑞士联邦委员会最终决定。
③ C 表示负责宏观审慎的部门由中央银行主持。
④ M 表示负责宏观审慎的部门由政府部门主持。

第六章 双支柱调控政策的理论基础

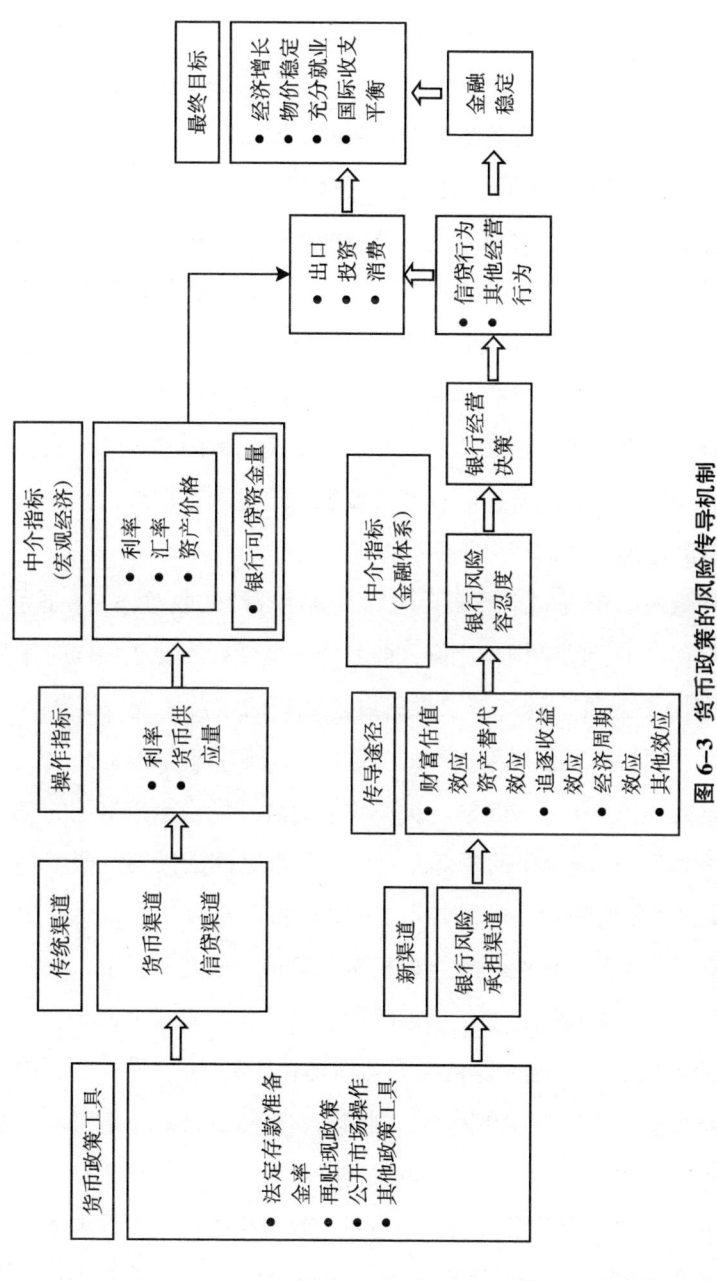

图 6-3 货币政策的风险传导机制

资料来源：笔者根据张强等（2013）做出整理修改。

一、货币政策与银行风险承担

货币政策传导的风险承担渠道是指央行改变货币政策,将会影响商业银行的风险承受能力,因此商业银行会对其信贷行为等经营决策作出调整。有关货币政策与银行风险承担的关系,理论界主要有两种不同的观点。

(一) 货币政策与银行风险承担的负向关系

财富估值效应。若市场利率较低,则会增加资产和抵押品的价值,在增加银行利润的同时也会降低银行的风险防范意识,从而使银行的风险容忍能力提高(Borio 和 Zhu,2008)。具体来说,较低的利率和较高的流动性提高了金融机构承担风险的能力,会影响金融机构对违约概率、违约损失率和风险的估算,可能会造成对资产价格与未来收入的高估,从而低估了违约风险和未来损失。财富估值效应更关注商业银行等金融机构的资产负债表,通过利率的降低促使资产价格上涨,投资净值的增加,从而产生了乘数效应。

资产替代效应。市场利率较低会降低安全性资产的收益率,在这种情况下,银行会调整其资产组合的结构与比例,即降低安全性资产比重的同时增加对风险资产的需求。增加的风险资产需求量使风险资产的收益和安全资产的收益相等时,资产组合达到均衡,但风险资产的收益率会随着需求量的上升而下降。

追逐收益效应 (Rajan,2005)。货币政策的这种风险承担描述的是当目标收益率存在"黏性",市场利率的降低与目标收益率之间的冲突(即增加风险容忍度)。目标收益率之所以存在"黏性",主要有两个原因:一方面是由于契约制度。类似于养老基金和保险公司等金融机构,负债一般是长期的,并且利率是固定的,为了保证收益和偿付,这类金融机构必须将投资收益率固定在一个高于长期固定利率的水平上,这就使得目标收益率具有"黏性"。另一方面由于存在货币幻觉使得对收益目标调整存在困难。例如,在宽松的环境下名义利率较低,由于目标收益率的"黏性"刺激,使金融机构资产管理者更倾向于从事高风险的投资来获取较高的收益。因此当市场利率与目标收益率之间的差距越大,商业银行的风险承担就会越大。

经济周期效应。主要从货币政策的银行风险承担与经济体系的顺周期关系来分析。在经济扩张时期，宽松的货币政策在刺激实体经济发展的同时也会降低投资者规避风险的意识，即"习惯形成"（Altunbas 等，2010）；经济体系顺周期特征的另外一个表现是杠杆效应。金融机构的杠杆率具有顺周期性，即金融机构的杠杆率在其资产负债表扩张时增加，在资产负债表萎缩时降低。当金融机构面对外部冲击，往往优先调整其总资产规模，而不是调整金融机构的股权（Adrian 和 Shin，2009）。那么当货币政策较为宽松时，随着金融机构资产价格的上升，资产规模将会扩大，倘若负债保持不变，则会降低金融机构的杠杆率。由于杠杆率的顺周期性，此时资产规模的扩大会使得金融机构增加风险资产的需求来提高杠杆率。最终宽松的货币政策提高了金融机构的风险承担。

此外，还有市场竞争效应。货币政策会改变银行业的市场竞争状况，而信贷的扩张会导致金融机构市场竞争更加激烈，因此金融机构往往会放宽信贷标准来抢占市场份额，在争取更高利润的同时导致风险承担也随之加大；另外，还存在央行救市预期带来的集体道德风险，中央银行货币政策规则透明度增强会使风险承担渠道的作用加强，这就意味着如果金融机构能够预期央行会在经济危机时进行救市，将会鼓励金融机构从事高风险业务，更多地承担风险（Borio 和 Zhu，2008）。

（二）货币政策与银行风险承担正相关理论

货币政策与银行风险承担的正向关系体现在风险转移效应。而风险转移效应的存在依赖于两个条件：信息不对称和有限负债制度（方意、赵胜民，2012），风险中性银行往往倾向于更大风险的投资活动。一般情况下，银行不会将其对债权人造成的损失内部化，这种道德风险会使银行承担更多风险。而道德风险和银行的资本充足率负相关，即资本充足率越高的银行，在项目投资中承担的风险越大，因此会降低银行的道德风险。

另外，影响银行风险承担的还有特许权价值，即银行未来利润的净现值。银行的特许权价值越大，意味着一旦投资失败造成的自身损失也会较大，从这个角度来说，也会降低银行的风险承担。

综合以上分析可以看出，货币政策与银行风险承担存在正负两方面效应，两者之间的关系最终要取决于这些效应的综合作用结果。

二、宏观审慎政策与银行风险承担

2008年次贷危机后，有关宏观审慎与银行风险承担的研究逐渐增多。宏观审慎政策的实施在增强金融体系稳定性的同时，也会对金融机构参与者的行为产生影响，进而影响银行的风险承担。

资本缓冲与银行风险承担。银行风险承担与资本缓冲的大小有关，而银行持有的资本数量与监管要求的关系直接影响资本和风险的关系。当银行资本缓冲较低，银行需要寻找更多的资本，从而降低了风险承担。反之，当银行持有的资本缓冲较高时，就会提高风险承担（Jokipii和Milne，2009），即资本缓冲与银行风险承担之间存在正相关关系。

资本监管的顺周期性与银行风险承担。最低资本充足率旨在加强银行审慎经营，维护宏观经济稳定运行，资本充足的银行受危机的影响较小，银行资本金可以提高金融体系应对外部冲击的能力。但由于资本监管的顺周期性，也可能加剧银行的风险。资本监管的顺周期性体现在：在经济繁荣时期对资本监管要求会放松，在衰退时期则会增加银行的资本监管要求；违约概率和违约损失往往在经济繁荣时期被低估，而在经济衰退时期被高估；若银行在经济衰退时期缺乏相应的应对措施，不能承受衰退时的损失而导致危机的出现，在一定程度上会加剧危机的蔓延。因此为了降低银行风险承担，宏观审慎政策需要解决最低资本监管要求的顺周期性，而审慎的逆周期调整资本要求可以降低产出的波动性从而有助于金融体系的稳定性。

宏观审慎工具对单个银行风险选择也有一定的影响，如最低资本要求的提高，存款税以及流动性工具的使用可以降低银行的风险承担（Cordella和Pienknagura，2013）。此外，市场集中度也可以影响银行的风险承担，在市场集中度较低的情况下，实施资本监管可以降低银行的风险承担。宏观审慎政策的实施还会影响到银行的资产管理、资本运营、信贷控制与风险管理以及金融创新等方面，对银行风险承担也会产生一定的影响。

三、双支柱调控政策与银行风险承担

2008 年的次贷金融危机之后,货币政策传导理论被重新审视,银行风险承担渠道作为一种重要的传导机制逐渐被重视。考虑到风险承担渠道及货币政策立场,中央银行可以通过披露货币政策目标来传达货币政策意图,影响金融机构的预期和风险偏好,加剧商业银行的信贷波动,强化其顺周期行为(高智贤等,2015)。危机之后为调节商业银行的经营行为与风险承担,减少系统性风险,各国运用逆周期资本缓冲等宏观审慎政策工具作为货币政策的配合,通过影响财务杠杆等指标,对商业银行的信贷决策产生影响,从而影响商业银行的风险承担意愿。在图 6-3 的基础上做出修正,形成银行风险承担渠道下的货币政策与宏观审慎政策协调(见图 6-4)。

金融体系作为货币政策和宏观审慎政策传导的主要渠道,两种政策的实施都会对银行风险承担与经营决策等产生影响。其中货币政策通过财富估值效应、资产替代效应等对商业银行产生影响,宏观审慎政策通过资本充足率、资本缓冲等影响银行体系的财务杠杆等经营指标,两种政策的实施都会改变银行风险承担意愿,进而影响到银行经营决策,如信贷行为或其他经营行为。商业银行信贷规模及投放一方面对实体经济中的出口、投资和消费产生作用,另一方面也会对金融稳定产生影响,最终宏观经济发展与金融稳定共同作用于一国的货币政策最终目标。

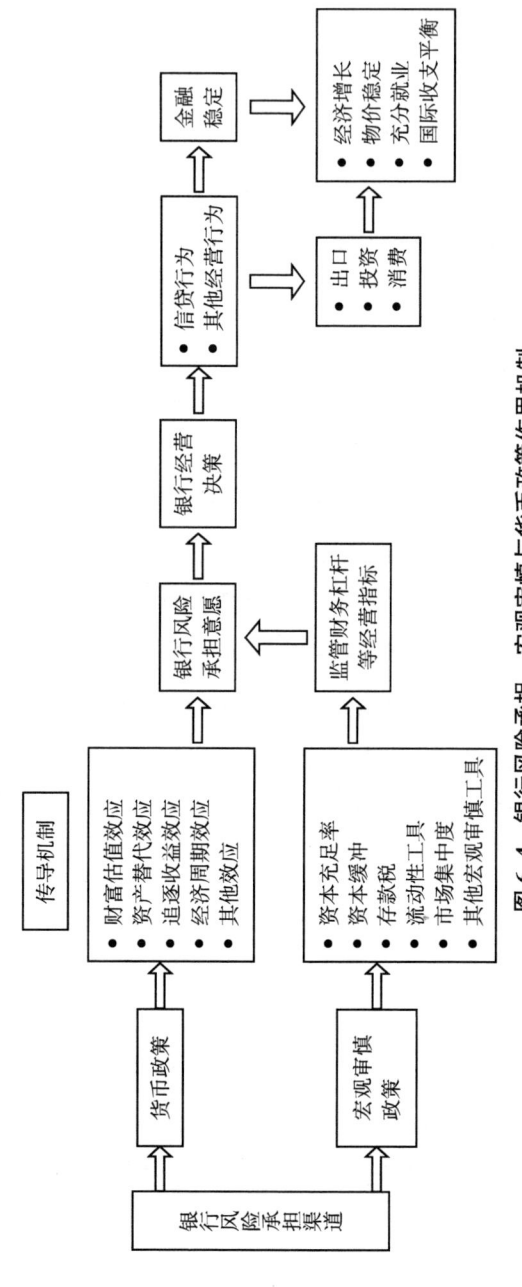

图 6—4 银行风险承担、宏观审慎与货币政策作用机制

资料来源：笔者根据相关资料整理绘制。

第七章 双支柱调控政策实施的实证分析

在我国当前经济增速下滑、结构性矛盾凸显的宏观经济环境下,供给侧改革的推进对我国"十三五"时期乃至更长周期内经济持续健康发展至关重要。推进供给侧结构性改革主要抓关键领域和薄弱环节,抓好去产能、去库存、去杠杆、降成本和补短板五大任务。在供给侧结构性改革中要打好四大歼灭战,即化解产能过剩、降低实体经济企业成本、消化房地产库存以及防范化解金融风险。供给侧结构性改革的推进,将会对现有的经济结构造成一定的冲击,而在供给侧结构性改革过程中去产能、去库存、去杠杆等方面的措施也会造成我国金融市场的波动,使我国发生系统性风险和区域金融风险的不确定因素增加,对金融领域产生较大影响。

第一节 货币政策对宏观经济影响的实证分析

本章之前从理论上研究了货币政策对国内生产总值以及房地产行业的影响,本章将利用实际数据分别对这两方面进行实证分析,对价格型货币政策工具和数量型货币政策工具的有效性进行进一步研究。

一、变量的选取与模型的构建

(一) 变量的选取

首先,宏观经济代理变量的选择。供给侧结构性改革对我国宏观经济产生较大影响,因此作为宏观经济的代理变量,主要从国内经济增长与房地产两个方面进行指标的选择。具体来说,使用 GDP 同比增长率、房地产景气指数两个指标。

其次,货币政策代理变量的选择。我国央行常用的货币政策工具为货币供应量与利率,分别代表数量型货币政策工具和价格型货币政策工具,因此选择与之相对应的货币供应量(M_2)与贷款利率(6个月内)作为货币政策代理变量。

最后,样本数据的选择。本文选取 GDP 同比增长率、房地产景气指数、货币供应量(M_2)以及贷款利率(6个月内),样本区间为 2000~2016 年的季度数据。研究数据主要来自于 Wind 数据库、中国人民银行网站、《中国统计年鉴》、《中国金融年鉴》等。

(二) 变量的检验

为避免虚假回归的问题,计量模型的构建中一般要求变量是平稳序列,不存在明显趋势。对于不平稳的序列则要求模型中的变量同阶单整并存在协整关系,才可以认为回归结果是有效的。为保证模型的有效性,本小节首先需要对建模中用到的变量进行平稳性检验。检验结果如表 7-1 所示。

表 7-1 变量的单位根检验

变量	(c, t, p)	ADF 统计量	5%临界值	Prob	结论
DAIKUANLILV	(c, 0, 1)	−2.500849	−2.906210	0.1199	不平稳
ΔDAIKUANLILV	(c, 0, 0)	−5.567084	−2.906210	0.0000	平稳
FANGDICHAN	(c, 0, 1)	−1.877258	−2.906210	0.3409	不平稳
ΔFANGDICHAN	(c, 0, 0)	−5.525274	−2.906210	0.0000	平稳
GDP	(c, 0, 0)	−1.422228	−2.905519	0.5664	不平稳
ΔGDP	(c, 0, 0)	−7.24267	−2.906210	0.0000	平稳
lnM_2	(c, 0, 2)	−1.865718	−2.906923	0.3462	不平稳
ΔlnM_2	(c, 1, 8)	−7.102336	−3.480463	0.0000	平稳

注:本文对 M_2 取自然对数;(c, t, p) 分别表示单位根方程中包含常数项、趋势项和滞后阶数;Δ 表示一阶差分,一般确定最优滞后阶数有 AIC 准则和 SIC 准则,本文选取的是 SIC 准则。

(三) VAR 模型的构建

为了检验货币政策,即货币供应量和贷款利率对 GDP 和房地产发展的影响,本书建立了 VAR 模型。VAR 模型最早是由 Sims 在 1980 年提出的,该模型采用多方程联立的形式,在每个方程中,内生变量对模型的全部内生变量的滞后值进行回归,从而估计了全部内生变量的动态关系。建立 VAR 模型有几个前提条件:其一是所有时间序列本身平稳,或者经过差分后平稳;其二是 VAR 模型一般要求大样本,即时间 $T \geqslant 30$;其三是至少有三个或三个以上的时间序列才可以建模。本书选取的样本时间是 2000~2016 年的季度数据,因此满足 VAR 模型的大样本条件,而且本书为了验证货币政策分别对 GDP 和房地产发展的影响,建立的 VAR 模型,每个模型有三个变量,这样满足 VAR 模型对变量个数的要求。还有一个条件就是看选取的时间序列是否平稳,因此本书先对所有时间序列进行了单位根检验。本书使用 Eviews 9 软件计算了 GDP 和国房景气指数的单位根结果,由表 7-1 可以看出 4 个时间序列在 5% 的显著性水平下都是不平稳的,因此本书对时间序列进行一阶差分后再进行判断是否平稳,从表 7-1 的检验结果中不难看出,GDP、贷款利率和国房景气指数这三个序列的滞后一阶在 5% 的显著性水平都是平稳的。平稳的时间序列可以建立 VAR 模型,因此本书分别建立 2 个 VAR 模型。

VAR 将所有变量视作内生变量,通过脉冲响应函数和方差分解来分析系统内冲击的影响。脉冲响应函数描述的是内生变量对系统误差冲击的反映,可以用于衡量模型受到某种冲击时对系统的动态影响。方差分解是分析未来 s 期某变量的预测误差的方差由不同新息的冲击影响的比例,也就是将内生变量预测值误差的方差分解为每个内生变量新息冲击的影响,体现了每个结构冲击对内生变量变化的贡献度,可以给出对内生变量产生影响的随机扰动项的相对重要性。

二、货币政策对国内生产总值影响的实证分析

货币政策作为调控宏观经济的主要手段,货币政策的实施通过其传导机制最终对经济增长产生影响,因此首先分析货币政策与 GDP 的关系,利用常用的货币政策工具——货币供应量与利率,分析其变动对 GDP 的影响。

表 7-2 VAR 滞后阶数的确定

Lag	LogL	AIC	SC
0	84.12495	−2.659834	−2.556021*
1	96.94697	−2.785147	−2.369893
2	105.0987	−2.757334	−2.030640
3	113.6560	−2.742820	−1.704685
4	124.0332	−2.787974*	−1.438399
5	131.5176	−2.738281	−1.077265
6	140.7190	−2.744886	−0.772430

根据 AIC 准则确定 M_2、贷款利率和 GDP 的 VAR 结构的最优滞后阶数是 4 阶。然后估算 4 阶滞后阶数的 VAR 模型。

表 7-3 M_2、贷款利率和 GDP 的 VAR 估计结果

	DLNM2	DDAIKUANLILV	DGDP1
DLNM2（−1）	0.172207 (0.13074) [1.31719]	1.330880 (1.97429) [0.67411]	−1.943270 (7.06825) [−0.27493]
DLNM2（−2）	−0.166925 (0.13334) [−1.25184]	0.923363 (2.01363) [0.45856]	6.040706 (7.20913) [0.83792]
DLNM2（−3）	0.147825 (0.13285) [1.11270]	0.585238 (2.00623) [0.29171]	3.992102 (7.18261) [0.55580]
DLNM2（−4）	0.367439 (0.12745) [2.88309]	1.481719 (1.92458) [0.76989]	5.430697 (6.89028) [0.78817]
DDAIKUANLILV（−1）	−0.021372 (0.00921) [−2.31969]	0.259395 (0.13913) [1.86438]	1.553604 (0.49811) [3.11898]
DDAIKUANLILV（−2）	0.001590 (0.00983) [0.16181]	−0.002448 (0.14842) [−0.01649]	−1.239331 (0.53137) [−2.33231]

续表

	DLNM2	DDAIKUANLILV	DGDP1
DDAIKUANLILV（-3）	-0.005517	0.059618	0.177568
	(0.01033)	(0.15601)	(0.55853)
	[-0.53401]	[0.38215]	[0.31792]
DDAIKUANLILV（-4）	0.009945	-0.197833	-0.683819
	(0.00960)	(0.14493)	(0.51887)
	[1.03626]	[-1.36503]	[-1.31790]
DGDP（-1）	-0.004345	0.008837	0.094656
	(0.00252)	(0.03809)	(0.13638)
	[-1.72236]	[0.23197]	[0.69405]
DGDP（-2）	0.001890	0.017231	-0.047126
	(0.00251)	(0.03785)	(0.13552)
	[0.75386]	[0.45519]	[-0.34774]
DGDP（-3）	-0.001220	0.119471	0.032764
	(0.00238)	(0.03601)	(0.12891)
	[-0.51186]	[3.31799]	[0.25416]
DGDP（-4）	-0.000563	-0.005799	-0.167341
	(0.00250)	(0.03783)	(0.13543)
	[-0.22463]	[-0.15329]	[-1.23566]
C	0.017843	-0.178939	-0.558452
	(0.00964)	(0.14561)	(0.52132)
	[1.85046]	[-1.22887]	[-1.07123]
R-squared	0.379166	0.325778	0.299417
Adj. R-squared	0.230165	0.163965	0.131277
F-statistic	2.544732	2.013300	1.780763

注：估计值下方（ ）中的数值是每一估计值的标准差，[ ] 中的数值是每一估计值的 t 统计量，下同。

$$\begin{bmatrix} D(LNM2) \\ D(DAIKUANLILV) \\ D(GDP) \end{bmatrix}$$

$$= \begin{bmatrix} 0.017843 \\ -0.178939 \\ -0.558452 \end{bmatrix} +$$

$$\begin{bmatrix} 0.172207 & -0.021372 & -0.004345 \\ 1.330880 & 0.259395 & 0.008837 \\ -1.943270 & 1.553604 & 0.094656 \end{bmatrix} \begin{bmatrix} D(LNM2(-1)) \\ D(DAIKUANLILV(-1)) \\ D(GDP(-1)) \end{bmatrix} +$$

$$\begin{bmatrix} -0.166925 & 0.001590 & 0.001890 \\ 0.923363 & -0.002448 & 0.017231 \\ 6.040706 & -1.239331 & -0.047126 \end{bmatrix} \begin{bmatrix} D(LNM2(-2)) \\ D(DAIKUANLILV(-2)) \\ D(GDP(-2)) \end{bmatrix} +$$

$$\begin{bmatrix} 0.147825 & -0.005517 & -0.001220 \\ 0.585238 & 0.059618 & 0.119471 \\ 3.992102 & 0.177568 & 0.032764 \end{bmatrix} \begin{bmatrix} D(LNM2(-3)) \\ D(DAIKUANLILV(-3)) \\ D(GDP(-3)) \end{bmatrix} +$$

$$\begin{bmatrix} 0.367439 & 0.009945 & -0.000563 \\ 1.481719 & -0.197833 & -0.005799 \\ 5.430697 & -0.683819 & -0.167341 \end{bmatrix} \begin{bmatrix} D(LNM2(-4)) \\ D(DAIKUANLILV(-4)) \\ D(GDP(-4)) \end{bmatrix} \tag{7-1}$$

DLNM2 = 0.172206949589*DLNM2(-1) - 0.16692528043*DLNM2(-2) + 0.147825495591*DLNM2(-3) + 0.367439420306*DLNM2(-4) - 0.0213721552959*DDAIKUANLILV(-1) + 0.00159032868766*DDAIKUANLILV(-2) - 0.00551685727216*DDAIKUANLILV(-3) + 0.00994529813565*DDAIKUANLILV(-4) - 0.0043448388755*DGDP(-1) + 0.00188969307415*DGDP(-2) - 0.00122047098561*DGDP(-3) - 0.000562674596178*DGDP(-4) + 0.0178431461409

(7-2)

DDAIKUANLILV = 1.33087976287*DLNM2(-1) + 0.923363422453*DLNM2(-2) + 0.585237840928*DLNM2(-3) + 1.4817192654*DLNM2(-4) + 0.259394573803*DDAIKUANLILV(-1) - 0.00244798538665*DDAIKUANLILV(-2) + 0.0596183244611*DDAIKUANLILV(-3) - 0.197833416463*DDAIKUANLILV(-4) + 0.00883654978847*DGDP(-1) + 0.0172305390598*DGDP(-2) +

0.119470716562*DGDP(-3) - 0.0057986799111*DGDP(-4) -
0.178939063341 (7-3)

DGDP = -1.94327032004*DLNM2(-1) + 6.04070558987*DLNM2(-2) +
3.99210209104*DLNM2(-3) + 5.43069749352*DLNM2(-4) +
1.55360429686*DDAIKUANLILV(-1) - 1.23933080568*DDAIKUANLILV(-2) +
0.177568336203*DDAIKUANLILV(-3) - 0.683818866245*DDAIKUANLILV(-4) +
0.0946558302439*DGDP(-1) - 0.0471257750152*DGDP(-2) +
0.0327637301357*DGDP(-3) - 0.167341220128*DGDP(-4) - 0.558452218831
(7-4)

从上述 VAR 估算的三个方程中可以看出，时间序列数值的显著性相对较差（系数 t 统计量大于 2 或小于-2），共有五个系数显著。第一个方程中显著的是 M_2 对数差分的滞后 4 期和贷款利率差分的滞后 1 期的系数，货币供给的系数为正，验证了货币供给具有惯性，贷款利率的变动与货币供给的变动呈负相关，当提高贷款利率时，说明央行收紧银根，相应的货币供给减少。第二个方程 GDP 差分的滞后 3 期的系数显著。第三个方程中有两个系数显著，分别是贷款利率差分滞后 1 期和贷款利率差分滞后 2 期的系数，t-1 期的贷款利率变动对 t 期 GDP 的变动是正向的，t-2 期的贷款利率变动对 t 期 GDP 的变动是负向的，说明央行降低利率后，并不会马上促进产出的增长，短期内还可能引起产出的下降，但是半年左右，较低的利率传导到实际产出，促进了中国 GDP 的增长。第三个方程中，货币供给对产出 GDP 有正向的影响。

在滞后阶数为 4 时，检验此 VAR 模型是否平稳，从图 7-1 中我们不难看出，所有的自回归特征多项式的倒数根都落在单位圆内，说明此 VAR 模型结构是稳定的。

货币政策对 GDP 的影响，两类货币政策工具，即数量型货币政策工具 M_2 对数差分值的变动与价格型货币政策工具贷款利率的差分值对 GDP 的影响也是有明显差异的。从两个脉冲响应图（见图 7-2 和图 7-3）中我们可以看出，货币供应量 M_2 对数差分值增加一个单位时，会促进我国实际产出的持续增长，这种促

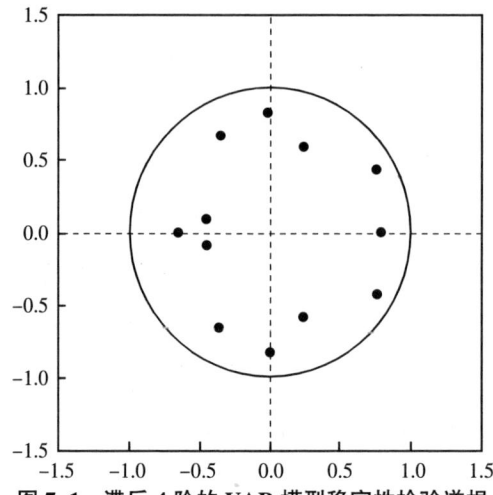

图 7-1 滞后 4 阶的 VAR 模型稳定性检验逆根

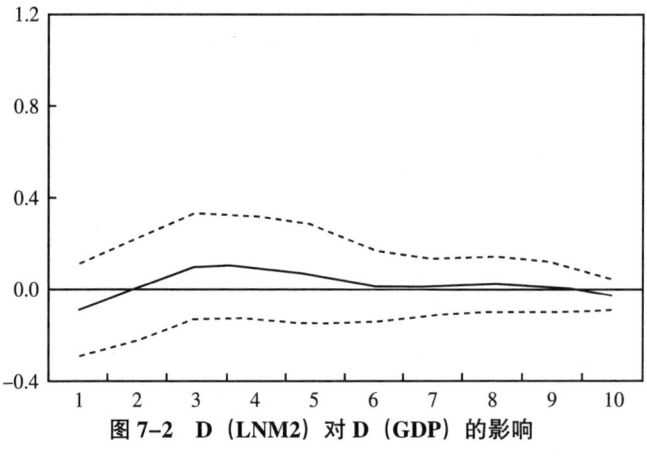

图 7-2 D (LNM2) 对 D (GDP) 的影响

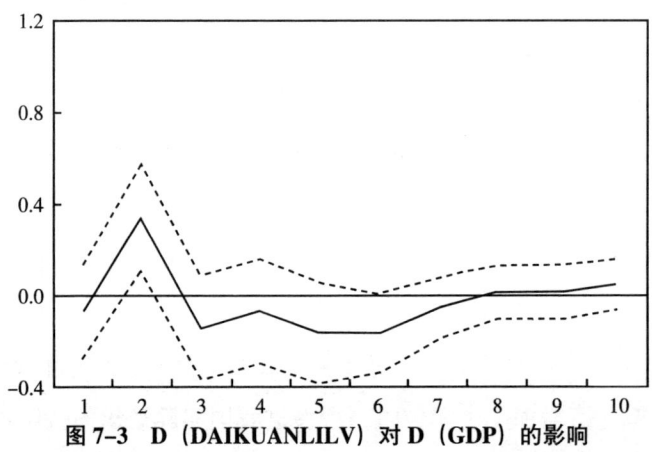

图 7-3 D (DAIKUANLILV) 对 D (GDP) 的影响

进作用在第 5 期减弱。贷款利率差分值对 GDP 差分值的影响波动较大，贷款利率的差分值增加一个单位时，短期内可能会促进 GDP 的增长，但是长期来说抑制了经济增长，这种影响在第 8 期以后基本消失。以上分析表明货币供应量与利率对实际产出的影响都比较明显，在经济下行阶段，可以采用扩张性的货币政策刺激经济增长。

表 7-4　GDP 同比增长率的方差分解

Period	S. E.	DLNM2	DDAIKUANLILV	DGDP
1	0.805337	1.345908	0.765776	97.88832
2	0.877745	1.133113	15.72424	83.14265
3	0.895042	2.317209	17.70234	79.98045
4	0.902498	3.342377	17.98343	78.67420
5	0.919361	3.654411	20.53026	75.81533
6	0.940385	3.515219	22.74561	73.73917
7	0.943623	3.497599	22.91964	73.58276
8	0.948306	3.505516	22.71651	73.77797
9	0.952555	3.477548	22.53637	73.98608
10	0.954252	3.554175	22.71563	73.73020

从表 7-4 不难看出，GDP 同比增长率的差分变动主要是由自身的扰动所引起的，自身扰动的贡献率长期维持在 70% 以上，贷款利率的差分对 GDP 同比增长率的影响也较大，其贡献率长期保持在 20% 以上，而货币供给 M_2 对数的一阶差分对 GDP 同比增长率的贡献度不足 5%，说明价格型货币政策工具贷款利率对 GDP 的传导作用明显更强。因此欧美等发达国家主要依靠价格型货币政策工具来实现宏观调控目标，而我国过去的货币政策传导机制尚未完全疏通，因此我国较多使用数量型货币政策工具来进行宏观调控。随着我国利率市场化的不断完善，货币政策传导渠道更加畅通，我国货币政策调控工具逐渐由数量型向价格型转变，以此更好地实现宏观调控目标。

三、货币政策对房地产行业影响的实证分析

我国房地产行业发展迅速，在国民经济中占据重要地位。供给侧结构性改革

表 7-5　VAR 滞后阶数的确定

Lag	LogL	AIC	SC
0	54.14087	-1.676750	-1.572936*
1	69.28308	-1.878134	-1.462880
2	78.52219	-1.885974	-1.159279
3	86.29932	-1.845879	-0.807745
4	96.88788	-1.897963*	-0.548388
5	104.2466	-1.844150	-0.183134
6	114.6035	-1.888639	0.083817

对房地产行业将会产生较大影响，因此在这一部分我们将通过构建 VAR 模型分析货币政策的变动对房地产行业的影响。

根据 AIC 准则确定 M_2、贷款利率和国房景气指数的 VAR 结构的最优滞后阶数是 4 阶。

表 7-6　M_2、贷款利率和国房景气指数的 VAR 估计结果

	DLNM2	DDAIKUANLILV	DFANGDICHAN
DLNM2（-1）	0.188367	1.851737	4.155874
	(0.13209)	(2.15246)	(10.5849)
	[1.42601]	[0.86029]	[0.39262]
DLNM2（-2）	-0.179985	-0.497986	10.93979
	(0.13558)	(2.20934)	(10.8646)
	[-1.32749]	[-0.22540]	[1.00692]
DLNM2（-3）	0.139967	0.657025	5.450047
	(0.13492)	(2.19856)	(10.8116)
	[1.03739]	[0.29884]	[0.50409]
DLNM2（-4）	0.351056	1.700421	13.71959
	(0.13244)	(2.15810)	(10.6126)
	[2.65069]	[0.78792]	[1.29276]
DDAIKUANLILV（-1）	-0.021663	0.325637	1.364092
	(0.00949)	(0.15457)	(0.76009)
	[-2.28376]	[2.10678]	[1.79464]

续表

	DLNM2	DDAIKUANLILV	DFANGDICHAN
DDAIKUANLILV (−2)	−0.001088	0.066257	−1.469419
	(0.01005)	(0.16369)	(0.80498)
	[−0.10835]	[0.40476]	[−1.82541]
DDAIKUANLILV (−3)	0.002359	0.001289	−1.474122
	(0.01040)	(0.16950)	(0.83355)
	[0.22677]	[0.00761]	[−1.76849]
DDAIKUANLILV (−4)	0.005125	−0.123844	−1.264153
	(0.01067)	(0.17379)	(0.85464)
	[0.48051]	[−0.71259]	[−1.47916]
DFANGDICHAN (−1)	0.000453	0.007969	0.055909
	(0.00175)	(0.02851)	(0.14021)
	[0.25873]	[0.27950]	[0.39875]
DFANGDICHAN (−2)	−0.001948	−0.021019	0.035232
	(0.00167)	(0.02713)	(0.13343)
	[−1.16988]	[−0.77461]	[0.26404]
DFANGDICHAN (−3)	0.000736	0.025658	−0.029054
	(0.00160)	(0.02606)	(0.12815)
	[0.46035]	[0.98461]	[−0.22672]
DFANGDICHAN (−4)	−0.000354	−0.008385	−0.176813
	(0.00147)	(0.02401)	(0.11805)
	[−0.24027]	[−0.34928]	[−1.49777]
C	0.018630	−0.156370	−1.578263
	(0.00977)	(0.15915)	(0.78265)
	[1.90742]	[−0.98252]	[−2.01658]
R-squared	0.354247	0.183437	0.477299
Adj. R-squared	0.199266	−0.012538	0.351851
F-statistic	2.285744	0.936024	3.804755

$$\begin{bmatrix} D(LNM2) \\ D(DAIKUANLILV) \\ D(FANGDICHAN) \end{bmatrix}$$

$$= \begin{bmatrix} 0.018630 \\ -0.156370 \\ -1.578263 \end{bmatrix} +$$

$$\begin{bmatrix} 0.188367 & -0.021663 & 0.00453 \\ 1.851737 & 0.325637 & 0.007969 \\ 4.155874 & 1.364092 & 0.055909 \end{bmatrix} \begin{bmatrix} D(LNM2(-1)) \\ D(DAIKUANLILV(-1)) \\ D(FANGDICHAN(-1)) \end{bmatrix} +$$

$$\begin{bmatrix} -0.179985 & -0.001088 & -0.0019480 \\ -0.497986 & 0.066257 & -0.021019 \\ 10.93979 & -1.469419 & 0.35232 \end{bmatrix} \begin{bmatrix} D(LNM2(-2)) \\ D(DAIKUANLILV(-2)) \\ D(FANGDICHAN(-2)) \end{bmatrix} +$$

$$\begin{bmatrix} 0.139967 & 0.002359 & 0.000736 \\ 0.657025 & 0.001289 & 0.025658 \\ 5.450047 & -1.474122 & -0.029054 \end{bmatrix} \begin{bmatrix} D(LNM2(-3)) \\ D(DAIKUANLILV(-3)) \\ D(FANGDICHAN(-3)) \end{bmatrix} +$$

$$\begin{bmatrix} 0.351056 & 0.005125 & -0.000354 \\ 1.700421 & -0.123844 & -0.008385 \\ 13.71959 & -1.264153 & -0.176813 \end{bmatrix} \begin{bmatrix} D(LNM2(-4)) \\ D(DAIKUANLILV(-4)) \\ D(FANGDICHAN(-4)) \end{bmatrix} \quad (7-5)$$

DLNM2 = 0.188366731509*DLNM2(−1) − 0.179985369782*DLNM2(−2) + 0.139966674638*DLNM2(−3) + 0.351055577308*DLNM2(−4) − 0.0216625774766*DDAIKUANLILV(−1) − 0.00108842065554*DDAIKUANLILV(−2) + 0.00235885745546*DDAIKUANLILV(−3) + 0.00512487614797*DDAIKUANLILV(−4) + 0.000452711836544*DFANGDICHAN(−1) − 0.00194806437696*DFANGDICHAN(−2) + 0.000736181486855*DFANGDICHAN(−3) − 0.000353967914162*DFANGDICHAN(−4) + 0.018629632451 (7-6)

DDAIKUANLILV = 1.85173689061*DLNM2(−1) − 0.497986262729*DLNM2(−2) + 0.657025177859*DLNM2(−3) + 1.70042064823*DLNM2(−4) +

$0.325636701167*\text{DDAIKUANLILV}(-1) + 0.066257109204*\text{DDAIKUANLILV}(-2) + 0.0012894097374*\text{DDAIKUANLILV}(-3) - 0.123843868079*\text{DDAIKUANLILV}(-4) + 0.00796918429236*\text{DFANGDICHAN}(-1) - 0.0210185082693*\text{DFANGDICHAN}(-2) + 0.0256576187409*\text{DFANGDICHAN}(-3) - 0.00838486270096*\text{DFANGDICHAN}(-4) - 0.156369979552$
(7-7)

$\text{DFANGDICHAN} = 4.15587426798*\text{DLNM2}(-1) + 10.9397927728*\text{DLNM2}(-2) + 5.45004685133*\text{DLNM2}(-3) + 13.7195940271*\text{DLNM2}(-4) + 1.3640916348*\text{DDAIKUANLILV}(-1) - 1.46941856498*\text{DDAIKUANLILV}(-2) - 1.47412226563*\text{DDAIKUANLILV}(-3) - 1.26415250772*\text{DDAIKUANLILV}(-4) + 0.0559092873769*\text{DFANGDICHAN}(-1) + 0.0352321330689*\text{DFANGDICHAN}(-2) - 0.0290536298397*\text{DFANGDICHAN}(-3) - 0.176813378435*\text{DFANGDICHAN}(-4) - 1.57826280195$
(7-8)

从上述 VAR 估算的三个方程中可以看出，时间序列数值的显著性较差（系数 t 统计量大于 2 或小于-2），仅有三个系数显著。第一个方程中显著的是 M_2 对数差分的滞后 4 期的系数和贷款利率差分的滞后 1 期的系数，货币供给具有惯性，上一年的货币供给增加，下一年的货币供给也可能增加，贷款利率变动与 M_2 对数的变动相反。第二个方程中贷款利率差分的滞后 1 期的系数显著，说明上期贷款利率的变动可能会对本期贷款利率的变动有影响。第三个方程的系数虽然不显著，但是从系数的符号我们可以看出，货币供给 M_2 对数的变动对房地产市场的繁荣有正向作用，而贷款利率的变动对房地产市场的发展具有负向作用，即货币供给增加可以促进我国房地产市场的繁荣，而贷款利率的提高则会抑制房价的过快上涨。

在滞后阶数为 4 时，检验此 VAR 模型是否平稳，从图 7-4 我们不难看出，所有的自回归特征多项式的倒数根都落在单位圆内，因此 VAR 模型结构是稳定的。

国房景气指数是国家统计局从土地、资金和市场等多个角度编制的房地产发展的综合指数。中国房地产的市场化改革起步于 20 世纪 90 年代。1998 年 7 月，国务院的 23 号文件《国务院关于进一步深化城镇住房制度改革加快住房建设的

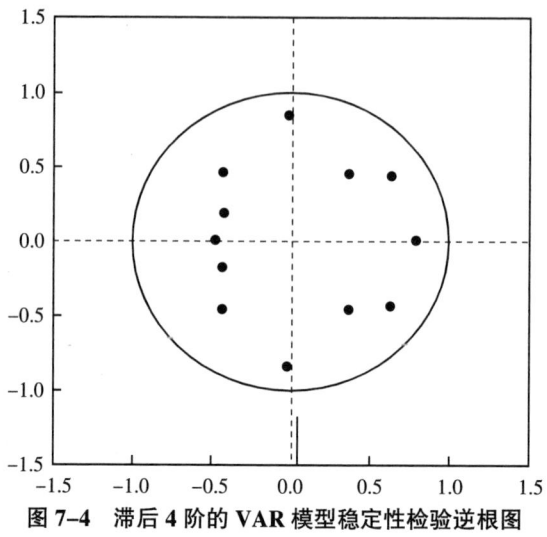

图 7-4 滞后 4 阶的 VAR 模型稳定性检验逆根图

通知》颁布实施,结束了长期以来中国人福利分房的时代,中国住房制度货币化拉开了序幕,这也意味着市场在房地产发展中逐渐开始起主要作用。中国房地产市场化改革取得显著的成就,但是近年来不断上涨的房价问题饱受诟病,普通人住房难的民生问题尚需要合理的解决,因此国家税务总局、国土部和中国人民银行等多部委出台多项措施加大了房地产市场的调控,显然,货币政策的作用不容小觑。

货币政策对房地产的影响,两类货币政策工具,数量型货币政策工具 M_2 对数差分值的变动与价格型货币政策工具贷款利率的差分值对国房景气指数的影响也是有明显差异的。从图 7-5 和图 7-6 的脉冲响应图中我们可以看出,贷款利率差分值对国房景气指数差分值的影响波动较大,贷款利率的差分值增加一个单位时,短期内会引起国房景气指数的上升,只有前两期的影响是正向的,随后影响是负向的,且这种负向影响在第 5 期达到最低点,随后负向影响逐渐减弱,第 8 期以后影响逐渐为零。说明对于房地产价格的调控,中国人民银行可以通过提高贷款利率的方式来有效抑制房价的过快增长,提高贷款利率后短期内可能引起房价的小幅上涨,但是长期来说可以明显抑制房价的快速上涨。相比而言,货币供给 M_2 对数差分值对国房景气指数的影响明显较小,当房地产市场发展低迷时,可以扩大货币供给有效地促进房地产市场的繁荣。为了化解美国金融危机对我国经济的影响,防止我国经济硬着陆,2008 年我国政府出台了"4 万亿元"救市计

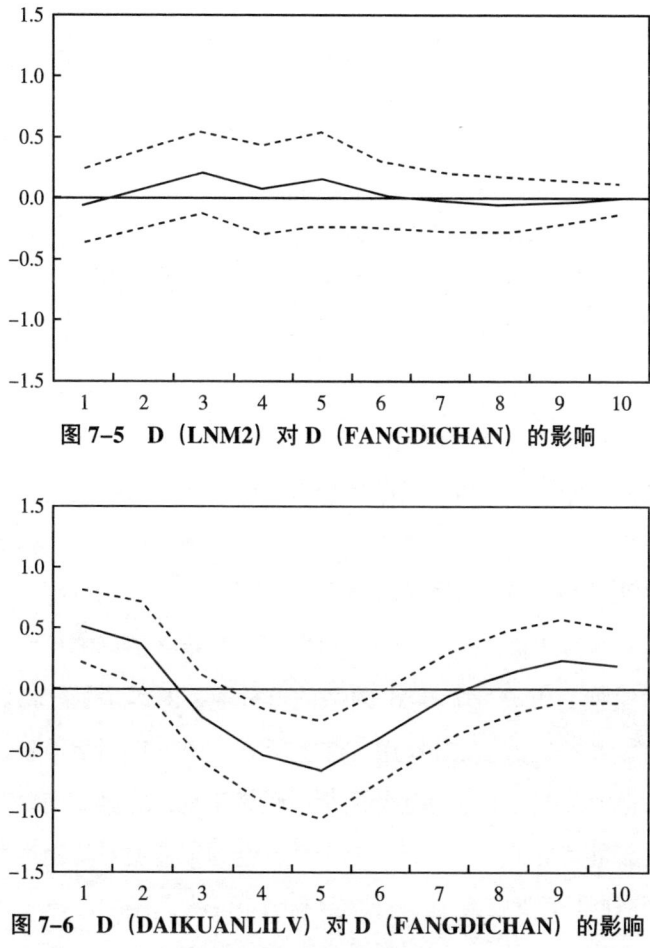

图7-5　D（LNM2）对 D（FANGDICHAN）的影响

图7-6　D（DAIKUANLILV）对 D（FANGDICHAN）的影响

划，其中有一部分资金流入了房地产市场，促进了房地产市场的繁荣，从图7-5我们可以看出，当货币供给 M_2 对数差分值增加时，其对国房景气指数的影响是正向的，但这种影响的时间到第6期时基本为零，因此货币供给手段虽然调控时效较短，但仍具有一定的调控效果，因此国家对房地产市场调控时应该协调使用多种措施。

表7-7　国房景气指数的方差分解结果

Period	S. E.	DLNM2	DDAIKUANLILV	DFANGDICHAN
1	1.217363	0.246928	17.93323	81.81984
2	1.274856	0.555294	24.60508	74.83962

续表

Period	S. E.	DLNM2	DDAIKUANLILV	DFANGDICHAN
3	1.313133	2.999313	26.27680	70.72389
4	1.423231	2.790504	36.76901	60.44048
5	1.590614	3.160410	47.18859	49.65100
6	1.640399	2.993951	50.27292	46.73313
7	1.644022	3.014810	50.37708	46.60811
8	1.649081	3.139199	50.53816	46.32265
9	1.665816	3.136484	51.45276	45.41075
10	1.676496	3.102007	52.05314	44.84485

接着通过方差分解来分析不同结构冲击对国房景气指数变化的贡献度，进而判断不同结构冲击的重要性。从表7-7我们可以看出，国房景气指数差分的变化主要受到自身扰动和贷款利率差分值的影响，刚开始时自身对自身的影响较大，但是随着时间的推移，贷款利率差分值对国房景气指数的影响更大，占比长期超过50%，而数量型货币政策工具M_2对数的差分值，对国房景气指数的影响相对小很多，贡献率基本维持在3%作用。综上所述，国家运用货币政策调控房地产市场时，可以根据调控目的来灵活使用货币政策工具，当国家需要对房地产市场进行微调时，数量型货币政策工具效果较优，当国家需要对房地产市场进行大幅度调控时，价格型货币政策工具，即贷款利率是较为理想的选择。

第二节 双支柱调控政策实施对商业银行风险承担的实证分析

为了防范和控制供给侧结构性改革中的金融风险，需要采用宏观审慎与货币政策相互协调的方式，而商业银行作为联系宏观金融政策与实体经济的纽带，有必要对商业银行进行重点关注与分析。本节之前从理论部分阐述了商业银行风险承担、宏观审慎与货币政策之间的关系。本节将重点对我国商业银行与两种政策的实施进行实证分析,为宏观金融政策建议提供依据。

一、变量的选择和检验

(一) 变量选取和处理

主要从三个方面选择指标,衡量商业银行风险的指标,宏观审慎政策代理变量和货币政策的代理变量。

首先,衡量商业银行风险指标的选取。从现有文献看,被用来衡量商业银行风险承担的指标有:不良贷款率、预期违约率、Z分数(Z-score)等。这几个指标相比,预期违约率数据的可得性较差;Z分数大多以破产企业为样本,更多研究破产风险,并不是衡量银行风险承担的最佳指标;由于贷款业务仍然是我国商业银行的主要业务,不良贷款率是评价金融机构信贷资产安全状况的重要指标之一,因此本书选取了不良贷款率来衡量商业银行风险。

其次,选择宏观审慎政策代理变量。根据《巴塞尔协议Ⅲ》的要求,宏观审慎更加注重对商业银行的资本监管,选择资本充足率(CAR)作为其中一个指标。由于拨备覆盖率是实际计提贷款损失准备对不良贷款的比率,是考察银行财务是否稳健的重要指标,因此也将拨备覆盖率(PRO)作为宏观审慎政策的代理变量。

再次,货币政策代理变量的选择。我国央行常用的货币政策工具为存款准备金率、货币供应量与利率,因此选择与之相对应的存款准备金率(RR)、货币供应量(M_2)与存款基准利率(IR)作为货币政策代理变量。

最后,数据样本的选择。研究数据主要来自于 Wind 数据库、各家上市银行年报财务数据、中国银监会年报以及《中国统计年鉴》等。本文选取16家上市银行为研究对象,但由于光大银行和中国农业银行披露数据年份较短,所以将这两家银行剔除,最终本文使用的实证数据为14家上市银行 2008~2015 年 8 年的季度数据,样本量为448。此外,本书此处将货币供应量 M_2 转换为货币供应量的增长率,计算过程中损失掉一期的数据,实际使用的数据长度为 2008 年第二季度至 2015 年第四季度,实际样本量为434。6 个变量的主要统计指标如表 7-8 所示,其中,NPL 代表不良贷款率,CAR 代表资本充足率,PRO 代表拨备覆盖率,IR 代表存款基准利率,RR 代表存款准备金率,M_2ZZ 代表货币供应量 M_2 的增长率。

表 7-8 主要变量的描述性统计

变量	平均值	最大值	最小值	标准差	样本量
NPL	0.34	4.64	1.03	0.46	434
CAR	8.11	25.59	12.29	1.99	434
PRO	53.75	499.60	243.84	81.15	434
IR	1.10	3.33	2.33	0.60	434
RR	15.50	21.50	18.63	1.93	434
M_2ZZ	−0.62	11.67	3.94	2.30	434

(二) 变量的平稳性检验

为避免虚假回归的问题,计量模型的构建中一般要求变量是平稳序列,不存在明显趋势。对于不平稳的序列则要求模型中的变量同阶单整并存在协整关系,才可以认为回归结果是有效的。为保证模型的有效性,本小节首先需要对建模中用到的 6 个变量进行平稳性检验。本文选择比较常见的 Fisher-ADF 方法进行单位根检验,检验结果如表 7-9 所示。

表 7-9 Fisher-ADF 面板单位根检验结果

变量	检验形式	检验统计量	P 值
NPL	(c, 0, 1)	46.9135	0.014
CAR	(c, 0, 4)	51.0348	0.0049
PRO	(c, 0, 7)	47.0002	0.0137
IR	(0, 0, 1)	51.4698	0.0044
RR	(c, 0, 3)	70.6867	0.0000
M_2ZZ	(c, 0, 6)	50.8487	0.0052

*注:检验形式中 (c, t, k) 分别代表常数项、时间趋势和滞后阶数。

ADF 面板单位根检验的结果显示,文中用到的 6 个变量均为平稳序列,不存在明显的趋势,可以直接建立计量模型来分析他们之间的关系和影响。

二、面板模型的构建

（一）模型形式的选择

本书选取的数据是 14 家商业银行 8 年的季度数据，是时间序列和截面数据的结合，即面板数据，这样的数据相比时间序列或者截面数据包含了更多的信息，可以构建面板模型来分析变量间的关系。面板模型的形式包括混合回归、变截距模型和变斜率模型，根据本文的数据特征，此处建立个体效应的变截距模型，模型形式为：

$$NPL_{it} = \beta_0 + \beta_1 CAR_{it} + \beta_2 PRO_{it} + \beta_3 IR_{it} + \beta_4 RR_{it} + \beta_5 M_2 ZZ_{it} + \alpha_i + \varepsilon_{it} \qquad (7-9)$$

其中，i 代表个体即各商业银行，t 代表时期，β_0、β_1、…、β_5 分别为截距项和各变量的系数，α_i 代表个体效应，反映各个银行之间自身的差异，ε_{it} 为随机误差项。

面板模型的个体效应有固定效应和随机效应两种形式，在估计和分析之前需要对个体效应的形式进行检验。首先是通过固定效应的显著性检验在混合回归和固定效应模型之间进行选择，如果检验结果显示选择固定效应模型，再通过 Hausman 检验在固定效应模型和随机效应模型之间进行选择。

首先估计固定效应的面板模型，然后检验这种效应的显著性，表 7-10 列出了固定效应检验结果，F 统计量和卡方统计量都显示拒绝原假设，也就是拒绝混合回归的形式，模型的个体效应是显著的，应该选择变截距形式。

表 7-10 固定效应检验结果

Effects Test	Statistic	d. f.	Prob.
Cross-section F	7.2682	(13415)	0.000
Cross-section Chi-square	89.0245	13	0.000

再在随机效应的假设下估计随机效应的面板模型，通过 Hausman 检验来检验该假设是否成立。表 7-11 列出了 Hausman 检验的结果，P 值远小于 0.05，不能拒绝原假设，说明个体效应与解释变量无关，模型应该选择随机效应的形式。

表 7-11 Hausman 检验结果

Test Summary	Chi-Sq. Statistic	Chi-Sq. d. f.	Prob.
Cross-section random	0.0000	5	1.0000

(二) 模型的估计与分析

根据检验结果，对商业银行不良贷款率与宏观审慎和货币政策相关变量的个体随机效应回归结果如表 7-12 所示。

表 7-12 面板模型估计结果

	Coeff.	Std. Error	T-stat	Prob.
C	2.2985	0.2121	10.839	0.0000***
CAR	0.0075	0.0086	0.8678	0.3860
PRO	−0.0040	0.0003	−13.652	0.0000***
IR	0.1341	0.0334	4.0144	0.0001***
RR	−0.0346	0.0141	−2.4593	0.0143**
M_2ZZ	−0.0126	0.0066	−1.8993	0.0582*
R-squared	0.5110			
F-statistic	89.4556			
Observations	434			

资料来源：以上数据是来源于 Wind 数据库以及各商业银行的年报财务数据。
注：*、**、*** 分别表示在 10%、5% 和 1% 水平下显著。

在宏观审慎因素方面，实证分析显示资本充足率（CAR）与商业银行不良贷款率不显著，因为实证分析中只考虑了资本充足率对当期的影响，可能会有滞后效应，影响效果应进一步进行分析（后续对滞后效应做出进一步分析）。拨备覆盖率（PRO）与不良贷款率在 1% 的水平下显著负相关，说明拨备覆盖率的增加，明显有利于降低商业银行的风险承担水平。

在宏观货币政策因素方面，存款基准利率（IR）与不良贷款率显著正相关，说明存款基准利率的上升将提高商业银行的风险承担水平；存款准备金率（RR）、货币供应量增长率（M_2ZZ）与不良贷款率显著负相关，表明货币供应量增加、存款准备金率的提升将降低商业银行的风险承担水平。总之，通过实证分析显示,货币政策工具对商业银行的风险承担水平有显著影响。

三、VAR 模型的构建

(一) 模型的选择

传统的计量模型和方法往往不足以对变量之间的动态影响提供一个严谨正确的解释,特别是金融系统中,各个因素各个变量的波动都可能带来系统性冲击,很多变量之间存在错综复杂的互相影响,内生性问题也使模型的估计和推断更加复杂。因此在分析金融问题时,经常使用非结构性的向量自回归模型(Vector Autoregression,VAR)来分析系统性的冲击和影响。

向量自回归模型是由一系列相互联系的方程所构成的,但不同于传统的联立方程模型,VAR 是以所有内生变量为因变量,所有内生变量的滞后项为自变量的动态联立方程模型,是内生变量"向量"的自回归模型。VAR 模型的一般数学表达式是:

$$y_t = \prod_{'1} y_{t-1} + \prod_{'2} y_{t-2} + \cdots + \prod_{'p} y_{t-p} + \varepsilon_t \tag{7-10}$$

其中,y_t 是 d 维列向量,代表 d 个内生变量,VAR 模型就由 d 个内生变量的自回归方程组成。$\prod_{'1}$,$\prod_{'2}$,$\cdots$,$\prod_{'p}$ 是 d*d 维系数矩阵,代表所有内生变量 1~p 期的滞后项对当期内生变量的影响,ε_t 是 d 维扰动列向量,ε_t 中的 d 个元素可以同期相关,但不同期的 ε_t 之间不自相关,且 ε_t 与 y_t 不相关。

VAR 模型将所有变量都视作内生变量,将所有变量视作一个系统,认为其影响和冲击都是系统性的,避免了模型的识别、内生性问题处理等复杂的问题。VAR 模型是非结构性、非理论性的模型,其中经济理论的作用仅限于变量及其滞后长度的选择,不考虑经济理论对函数形式和参数取值的约束。另外,VAR 模型的回归参数仅具有一致性,因此 VAR 模型不对回归参数的显著性做要求。事实上,经济理论往往无法包含实际问题中的所有方面,根据经济理论构造的模型也可能存在不完善之处,VAR 让数据自己说明问题的方式具有其合理性。VAR 模型的应用通常是脉冲响应函数和方差分解。脉冲响应函数描述的是内生变量对系统误差冲击的反映,可以用于衡量模型受到某种冲击时对系统的动态影响。方差分解是分析未来 s 期某变量的预测误差的方差由不同新息的冲击影响的比例，也就是将内生变量预测值误差的方差分解为每个内生变量新息冲击的影响，体现了每个结构冲击对内生变量变化的贡献度，可以给出对内生变量产生影响的随机扰动项的相对重要性。

（二）VAR 模型构建和稳定性检验

向量自回归模型要求系统中的内生变量都是平稳序列，之前已经对模型中用到的 6 个变量进行了面板单位根检验，结果显示所有变量均为平稳序列，不存在明显的趋势，可以直接建立 VAR 模型来分析他们之间的系统性冲击和影响。此处建立一个两期的 VAR 模型，模型的形式为：

$$\begin{pmatrix} NPL_t \\ CAR_t \\ PRO_t \\ IR_t \\ RR_t \\ M2_t \end{pmatrix} = \begin{pmatrix} c_1 \\ c_2 \\ c_3 \\ c_4 \\ c_5 \\ c_6 \end{pmatrix} + \Pi_1 \begin{pmatrix} NPL_{t-1} \\ CAR_{t-1} \\ PRO_{t-1} \\ IR_{t-1} \\ RR_{t-1} \\ M2_{t-1} \end{pmatrix} + \Pi_2 \begin{pmatrix} NPL_{t-2} \\ CAR_{t-2} \\ PRO_{t-2} \\ IR_{t-2} \\ RR_{t-2} \\ M2_{t-2} \end{pmatrix} + \begin{pmatrix} \varepsilon_{1t} \\ \varepsilon_{2t} \\ \varepsilon_{3t} \\ \varepsilon_{4t} \\ \varepsilon_{5t} \\ \varepsilon_{6t} \end{pmatrix}$$

其中，

$$\Pi_1 = \begin{pmatrix} 0.7237 & 0.0125 & -0.0016 & -0.0545 & -0.0248 & -0.0064 \\ 0.0311 & 0.0804 & 0.0001 & 0.2292 & -0.0140 & -0.0608 \\ -2.9305 & -0.3052 & 1.2889 & 5.9510 & 1.8404 & -0.3031 \\ -0.3965 & 0.0032 & 0.0021 & 0.3714 & 0.2315 & 0.0323 \\ -0.6598 & 0.0128 & 0.0037 & -0.6566 & 1.4198 & 0.0121 \\ -1.3475 & -0.0344 & 0.0203 & 2.1838 & -1.9628 & 0.0217 \end{pmatrix},$$

$$\Pi_2 = \begin{pmatrix} -0.0915 & 0.0052 & 0.0007 & -0.0405 & 0.0526 & 0.0003 \\ -0.1012 & -0.0015 & -0.0013 & -0.2739 & 0.1015 & 0.0269 \\ 1.0450 & -0.6013 & -0.3246 & -1.6408 & -4.7042 & -0.1233 \\ 0.1031 & -0.0009 & -0.0021 & 0.0456 & -0.1029 & 0.0020 \\ 0.1094 & -0.0053 & -0.0032 & 0.0126 & -0.4290 & -0.0335 \\ 0.7209 & 0.0870 & -0.0212 & 0.4116 & 0.8261 & -0.5276 \end{pmatrix}$$

Π_1 和 Π_2 是 6*6 阶的系数矩阵，模型由 6 个方程构成，被解释变量分别为模型中的 6 个内生变量，解释变量则是所有内生变量的滞后项。前面已经提到，

VAR 模型很难对回归系数的经济意义进行解释，因此也不要求 Π_1 和 Π_2 内元素的显著性。但是在使用该模型进行分析之前需要对 VAR 模型的稳定性进行检验。

VAR 模型稳定的条件是系数矩阵 Π_1 和 Π_2 的所有特征值都要在单位元以内，或者说特征值的模都要小于 1。对前面建立的两期的 VAR 模型进行单位圆检验的结果如图 7-7 所示。检验结果显示模型中两个系数矩阵的所有特征值都在单位圆以内，模型的估计结果是稳定的，可以用来进行相关的分析。

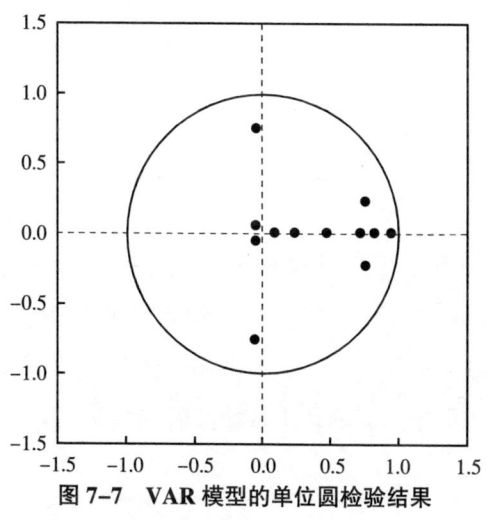

图 7-7 VAR 模型的单位圆检验结果

（三）脉冲响应分析和方差分解

建立稳定的 VAR 模型后，对模型进行脉冲响应和方差分解的分析，明确宏观审慎和货币政策对商业银行风险状况的影响。表 7-13 给出了代表商业银行风险的不良贷款率对宏观审慎和货币政策变量一个标准差冲击的响应，可以看出各个变量的系统性冲击对不良贷款率都是存在影响的。商业银行不良贷款率对 CAR 存在正的响应，且这个响应在第 7 期达到最大，之后开始回落，收敛于 0；商业银行不良贷款率对 PRO 的响应为负，在第 5 期达到最大，随后逐步收敛；商业银行不良贷款率对 IR 冲击的响应也为负，并在第 7 期后波动为正，再逐步收敛；商业银行不良贷款率在第 2 期首先对 RR 的冲击存在一个负的响应，随后变为正的波动，并逐步释放出来；M_2 增长率对不良贷款率的影响也为负，并且逐步震荡收敛。

表 7-13 商业银行不良贷款率对宏观审慎和货币政策的脉冲响应

Period	CAR	PRO	IR	RR	M_2ZZ
1	0	0	0	0	0
2	0.0070	−0.0272	−0.0273	−0.0043	−0.0088
3	0.0145	−0.0461	−0.0299	0.0026	−0.0098
4	0.0181	−0.0538	−0.0196	0.0091	−0.0037
5	0.0204	−0.0548	−0.0114	0.0148	−0.0029
6	0.0220	−0.0542	−0.0050	0.0213	−0.0062
7	0.0223	−0.0528	0.0011	0.0270	−0.0067
8	0.0216	−0.0504	0.0048	0.0303	−0.0053
9	0.0206	−0.0476	0.0052	0.0319	−0.0058
10	0.0195	−0.0452	0.0045	0.0325	−0.0070

图 7-8 显示了商业银行不良贷款率对各变量冲击的响应逐步收敛的过程。通过脉冲响应分析结果可以看出，宏观审慎政策变量 CAR 和 PRO 以及货币政策 RR 的实施对不良贷款率都产生了较大的影响，且持续时间较长。而货币政策 IR 与 M_2ZZ 对不良贷款率产生的影响较小且持续时间较短。

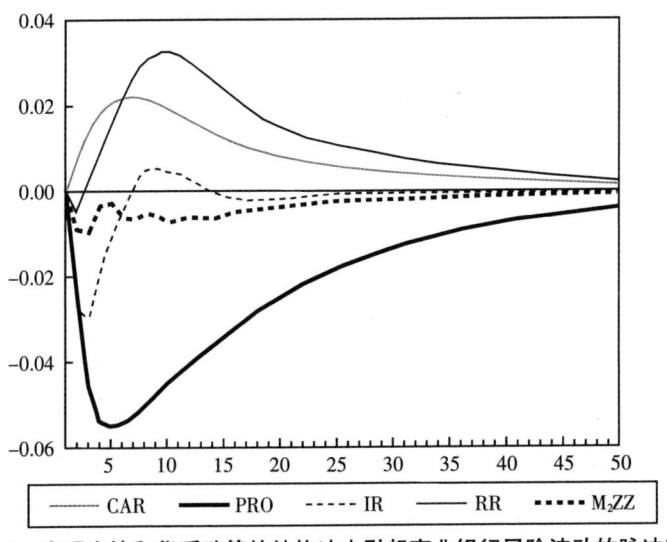

图 7-8 宏观审慎和货币政策的结构冲击引起商业银行风险波动的脉冲响应

基于VAR模型的商业银行不良贷款率的方差分解结果如表7-14所示。观察表7-14可知，第1期不良贷款率预测中的方差全部来源于自身的冲击，到后面各期逐步转移到其他变量的新息冲击上。代表宏观审慎和货币政策的5个变量的冲击均对不良贷款率的变动存在不同程度的影响，其中，PRO所占方差比重较大，CAR、IR和RR所占方差比重次之，M_2ZZ所占比重最小。

表7-14 商业银行不良贷款率的方差分解

期限	NPI	CAR	PRO	IR	RR	M_2ZZ
1	100.0000	0.0000	0.0000	0.0000	0.0000	0.0000
2	96.1972	0.1141	1.7200	1.7434	0.0435	0.1819
3	91.2448	0.4572	5.0490	2.8982	0.0446	0.3062
4	86.9867	0.8796	8.6496	3.0409	0.1624	0.2809
5	83.1875	1.3508	11.8435	2.9110	0.4433	0.2639
6	79.5756	1.8506	14.5896	2.7181	0.9741	0.2919
7	76.1344	2.3150	16.9169	2.5458	1.7626	0.3254
8	73.0193	2.7068	18.8172	2.4341	2.6839	0.3388
9	70.2849	3.0305	20.3452	2.3513	3.6301	0.3581
10	67.8930	3.2912	21.5955	2.2774	4.5494	0.3936

第三节 实证分析与结论

鉴于供给侧结构性改革对宏观经济和商业银行都会产生一定影响，本章首先从宏观经济方面入手，通过构建VAR模型分别研究了货币政策对国内生产总值与房地产行业的影响；接着构造了面板模型分析商业银行风险承担与宏观审慎、货币政策的关系，结果显示除资本充足率外，其他变量对商业银行风险都有显著影响。为了进一步研究资本充足率的滞后影响，本节又通过商业银行风险承担、宏观审慎和货币政策的相关变量构造了一个两期的VAR模型，模型脉冲响应和方差分解的结果表明商业银行的风险承担与宏观审慎和货币政策的波动密不可分,这两项政策对商业银行的风险承担都存在着一定影响。

一、从宏观经济角度分析货币政策工具的有效性

在研究货币政策对国内生产总值与房地产行业的影响时,选用了两种不同类型的货币政策工具,分析得出贷款利率对国内生产总值与房地产行业影响相比货币供应量要大。结果总体表明价格型货币政策工具有效性更高,国家为稳定经济增长速度和调控房地产行业,较为有效的是调节贷款利率,影响资金成本和资产价格。我国利率市场改革正在逐步由数量型工具向价格型工具转变,但是贷款利率的变动同时也会对物价水平影响较大,因此对价格型货币政策工具使用时要注意把握好时机和力度,并且应将不同类型的货币政策工具结合使用。2018年,我国货币政策的主基调稳健,货币政策要保持中性,管住货币供给总闸门,保持货币信贷和社会融资规模合理增长,这也表明中性的货币政策将对我国宏观经济发展产生积极影响。

二、从商业银行风险承担角度分析宏观审慎与货币政策工具的有效性

就宏观审慎政策中的资本充足率这一政策工具而言,当期的资本充足率并不会显著影响到不良贷款率,通过脉冲响应分析显示,滞后期资本充足率和拨备覆盖率两个变量的系统性冲击对银行不良贷款率都存在影响。不良贷款率对资本充足率冲击存在正的响应。说明资本充足率存在一定程度的时滞效应,在控制银行风险方面的效果需要在较长时间内逐步显现。而对拨备覆盖率而言,从实施当期即可对银行风险产生显著影响,且所占方差比重较大,在控制银行风险方面是一个有效的短期政策工具,将资本充足率和拨备覆盖率相配合,可以有效管理商业银行不同期限内的风险。

而货币政策变量可显著影响银行当期风险,滞后期各个变量的系统性冲击对不良贷款率都是存在影响的。由脉冲响应和方差分解结果可见,货币政策变量对银行风险的作用小于宏观审慎政策变量的实施,但在长期中货币政策变量的影响同样不可忽视。

根据本章的研究，供给侧改革对商业银行以及宏观经济产生较大的影响，而宏观审慎与货币政策对商业银行风险管理具有显著效果，因此在供给侧结构性改革中加强宏观审慎与货币政策的协调可以有效控制商业银行风险，有利于金融体系的稳健运行，为供给侧改革创造良好的金融环境。同时货币政策的实施不仅对商业银行产生影响，在产业结构调整、促进经济增长方面，也将发挥较大作用。

第八章　供给侧结构性改革中的双支柱调控政策研究

深化金融体制改革、实现金融风险监管全覆盖是2016年政府工作报告的重点之一。既然金融稳定是供给侧结构性改革的关键所在，宏观审慎与货币政策的协调就显得尤为重要。"十三五"规划纲要也指出，要加强金融宏观审慎管理制度建设，构建货币政策与宏观审慎管理相协调的金融管理体制。

第一节　供给侧结构性改革对双支柱调控政策的诉求

通过对供给侧改革中去产能、去库存以及去杠杆金融风险的分析，可以看出供给侧改革对金融稳定提出了新的要求，应该加强宏观审慎与货币政策的实施，防范金融风险，保证供给侧改革的顺利推进。

一、供给侧结构性改革对宏观审慎政策的诉求

供给侧结构性改革中去产能任务首先会对商业银行产生影响，具体表现为商业银行信贷风险增大，不良贷款上升，经营风险增大等方面，这就要求加强对商业银行等金融机构的监管，保证商业银行的稳健经营。对商业银行的资本充足率、不良贷款率、贷款损失准备金等指标进行监管，同时还需要配合宏观审慎监管中控制信贷规模或增长上限、逆周期资本要求以及动态准备金制度等工具控制

商业银行风险累积。

另外,加强宏观审慎对区域性金融风险的监管,有必要建立区域宏观审慎监管体系。针对去产能规模较大的地区建立专门的宏观审慎监管体系,主要目的是监测和评估区域内金融机构的风险,重点对区域内支柱产业和系统重要性金融机构的经营状况进行监测和评估,央行通过控制区域内信贷规模和优化区域信贷结构等手段引导信贷资金的投放,配合区域内的去产能任务顺利完成。

由于我国大多数地产商和购房者都会利用银行贷款购置土地和房产,对房地产行业去库存以及房地产价格波动也会将房地产行业的风险传导至金融体系。由于历次金融危机的爆发大多源于资产价格泡沫破灭引发的系统性风险,因此关注资产价格波动也是宏观审慎的目标之一。根据第二章对国际上宏观审慎工具有效性的分析,我们得知贷款价值比(LTV)、债务收入比(DTI)等工具在应对房地产价格上涨以及抑制资产价格泡沫等方面效果显著。因此在供给侧结构性改革中,合理运用宏观审慎工具,加强对房地产行业的宏观审慎监管,并且针对不同区域的房地产市场对宏观审慎政策工具进行细化,有助于维护我国资产价格稳定。

另外,《巴塞尔协议Ⅲ》规定的最低一级资本杠杆率为3%,而中国银保监会在实施《巴塞尔协议Ⅲ》中新监管指标规定杠杆率监管标准设定为4%,控制商业银行的杠杆率,将会抑制商业银行的信贷扩张冲动,为供给侧改革提供稳定的经济环境。

二、供给侧结构性改革对货币政策的诉求

为了配合去产能任务的顺利进行,对于货币政策来说,一方面应重构货币政策目标体系。去产能会导致区域就业形势较为严峻,因此供给侧结构性改革下货币政策的目标需要作出调整,在稳定物价,促进经济增长的基础上加大对充分就业这一目标的关注,利用优惠利率、差别利率等政策工具,推动产能过剩较为集中的区域产业结构转型。另一方面通过货币政策合理引导资金在产业间的流向,减少行政干预的地方保护政策对正常市场秩序的影响,尽可能地通过间接调控的方式对资源配置产生影响,为市场经济的发展创造良好、公平的环境。

货币政策配合去库存任务的推进，应合理控制房地产行业的货币供应量，在采取下调购房首付比例等措施加大去库存的过程中，谨防一线城市与二线热点城市的房地产价格上涨导致的资产价格泡沫产生。

通过对我国政府部门、非金融企业部门和金融部门的杠杆率分析得出，在供给侧改革中对货币政策提出的要求具体表现为：首先，重点关注各级地方政府的债务状况，对地方政府融资平台与渠道进行监管，提高资金运用与支出的透明度；其次，要合理控制货币供应量，过于宽松的货币政策不利于我国当前去杠杆任务的推进；最后，信贷资源的分配要注重结构性，严控对产能过剩行业的信贷投放，加大对高新产业和高技术行业的信贷投放。

第二节 宏观审慎政策的优化与调整

面对我国供给侧结构性改革的新形势，需要对宏观审慎监管体系进行构建与完善。

一、分层次细化宏观审慎政策

2011年，我国引入了差别准备金动态调整机制，中国人民银行于2015年构建了金融机构宏观审慎评估体系（MPA），在加强宏观审慎管理，促进信贷平稳增长以及维护金融稳定方面起到了重要作用。供给侧结构性改革下，金融机构面临更大的信贷、流动性等风险，对系统性风险的防范要求更高。为了进一步完善宏观审慎管理政策，发挥逆周期调节作用，防范系统性风险，应分层次细化宏观审慎政策。

从宏观层面看，宏观审慎政策应体现区域性。供给侧结构性改革下，产业结构的调整使得区域经济问题凸显，区域金融风险问题备受关注，宏观审慎政策也应适当体现区域性。应针对不同地区的金融机构做出差别化管理，例如，对去产能任务较重的地区金融机构的资本充足率要求、杠杆率以及动态拨备等方面做出适当调整。

从行业角度来看，宏观审慎政策应体现结构性。将宏观审慎政策工具中的企业部门工具结构化，针对不同的行业规定相应的企业贷款风险权重、贷款增长上限、贷款集中度限制等要求，通过控制信贷规模来引导资金流向不同的行业或产业。

从金融机构方面来看，宏观审慎政策在使用差别准备金动态调整机制之外，应结合金融机构的性质、金融机构所在区域的经济发展程度等因素对宏观审慎政策进行细化和差别化。

二、构建区域性宏观审慎政策

当前，我国宏观经济存在区域性和结构性不平衡，这种现象也会蔓延到金融领域。我国各地存在民间借贷资金规模扩大、区域性房地产价格波动较大、钢铁等行业不良贷款上升等现象，表明区域性金融风险显现。为了防范区域性金融风险的蔓延，有必要构建区域性宏观审慎管理框架。首先，加强区域性金融风险的评估与防范，有效防范区域性金融风险向系统性风险的演变。对当地核心和支柱产业的经营状况进行监测和评估，尤其是对信贷投放增加迅速和集中的行业进行重点关注，防止区域性金融风险出现。其次，加强对区域内的系统重要性金融机构的监管。包括对金融机构资本充足率、杠杆率、逆周期资本要求等安全性指标的监管，对信贷结构与信贷规模等流动性指标的监管等方面。最后，加快区域性宏观审慎政策工具的创新与开发，使宏观审慎政策更具有针对性。

三、开发和完善宏观审慎政策工具

针对不同类型的金融风险，研究和开发包括逆周期资本监管、流动性监管、风险识别等方面的宏观审慎监管工具；针对不同类型的金融机构，如大型商业银行、股份制商业银行、城市商业银行、农村商业银行以及外资银行等实施特定的逆周期资本要求；根据2014年国际货币基金组织发布的《宏观审慎政策指引》，分部门实施宏观审慎监管工具（见表8-1），通过在经济上行期增加资本要求、限制不同部门的贷款规模或控制债务人偿付能力等措施，增强银行体系的抗风险能力，防范系统性风险。

表 8-1 宏观审慎政策工具及监测指标

工具类型	宏观审慎工具	监测指标	
		收紧	放松
一般性工具	逆周期资本缓冲（CCB） 杠杆率 动态贷款损失拨备（DPR） 信贷增长上限	信贷 GDP 缺口	资产负债表承受压力下的高频指标，如银行 CDS 息差扩大 贷款利率/利差扩大 信贷增长放缓 违约率和不良贷款上升 贷款调查显示信贷供给恶化
住户部门工具	增加对该部门的资本要求 贷款价值比（LTV） 偿债收入比（DSTI）	住户贷款增长率 住房价格上涨（名义和实际增速） 房价/租金比和房价/可支配收入比 住户部门贷款占总贷款比重上升	房价下降 房地产交易减少 住户贷款利差增加 抵押支持证券价格下降 净住户贷款增长放缓 新住户贷款增长放缓 住户不良贷款上升
企业部门工具	企业贷款的风险权重 贷款增长上限 贷款集中度限制	企业贷款增长率 企业贷款占总贷款比重的增长 商业不动产价格上涨 商业房地产信贷增长 外汇贷款占比上升	公司信用违约掉期息差，债券收益率等高频指标 贷款利率/利差增加 公司贷款增长放缓 公司违约率/不良贷款上升 贷款调查显示出信贷供给不断恶化
流动性工具	流动性缓冲要求 稳定来源资金要求 流动性费用 准备金要求 外汇头寸限制 外币资金限制 针对非银行机构的工具	贷存比增长情况 非核心融资占总负债比重上升	银行间利率与掉期利率的利差扩大 零售市场融资成本上升 对中央银行流动性窗口的依赖增加 本币与外币掉期利率 总资本流入逆转

资料来源：国际货币基金组织。

第三节　货币政策的优化与调整

通过梳理次贷危机后国际社会对货币政策的反思，结合我国供给侧结构性改革，我们对货币政策也应有新的认识。

一、货币政策应适当关注金融稳定与资产价格

虽然货币政策是否应关注金融稳定与资产价格尚存在争议，但实践中西方各国已经将金融稳定风险纳入到货币政策目标当中。在经济发展平稳时期，货币政策维护价格稳定的目标比较容易实现，采用宏观审慎政策维护金融稳定对货币政策目标的实现也有促进作用。经济发展过程中若存在金融失衡与资产价格波动，将会影响货币政策传导机制，最终影响货币政策目标的实现，因此在货币政策制定过程中，有必要关注金融稳定、考虑资产价格，对影响资产价格的信贷指标、股票指数等相关因素做出分析，最大限度地创造维持物价稳定的金融环境。

二、加强利率的间接调控作用

20世纪90年代以来，短期利率在货币政策中的作用不断增强，泰勒规则成为多数国家制定货币政策的重要参考依据。但是在次贷危机后，对货币政策的反思发现短期利率的有效性受到限制。尤其是从西方发达经济体的实践来看，受利率弹性、零利率下限约束以及全球通货紧缩的影响，市场不确定性和风险的增加使货币政策利率传导途径受阻，通过降低利率来刺激经济发展的传统手段的有效性减弱。相反地，如果为了抑制股票或房地产价格的上涨而提高利率，有助于抑制资产价格泡沫的产生，但是不能为了抑制泡沫而大幅度提高利率，因为利率的提高将会减少信贷供给，在抑制资产价格泡沫的同时也会降低其他资产价格，甚至会影响到实体经济的发展。

实际上，利率能否在宏观调控中继续发挥作用，还需要依据各国的经济金融发展情况而定。就我国而言，利率远没有达到零下限约束，利率在我国宏观调控中依然具有重要的作用，尤其是随着利率市场化的推进，利率在经济中的调控作用越来越显著。在供给侧结构性改革下，中国人民银行继续实行稳健货币政策的同时，可以充分发挥利率的间接调控手段，引导资金流向转型升级的传统产业，或者是具有发展潜力的新兴产业。继续完善差别利率和优惠利率，有利于推动产业结构的转型升级和扩大就业的目标实现。

三、适当时机采用非常规货币政策

次贷危机后，世界各国在接近零利率的情况下采用了非常规货币政策，尽管目前对其有效性尚存在争议，但在危机初期，非常规货币政策对金融系统和整个经济活动产生了积极的影响，为国际经济活动与金融稳定提供了相应的支持，尤其在降低市场利率、缩小利差方面作用非常显著。

实践表明，发达经济体侧重于非常规货币政策的创新，新兴经济体则倾向于传统货币政策的非常规使用。针对目前我国的经济形势，应重视非常规货币政策在特定时期、特定领域的使用。借鉴发达经济体的非常规货币政策，通过使用影响利率、预期、流动性、信贷规模以及外汇市场等方面的货币政策，对宏观经济进行定向和精准调控。其中，充分重视预期指引在经济调控中的影响和作用，利用央行的权威和信用，通过口头操作，公开承诺等方式影响公众预期达到对利率水平的调整，对供给侧结构性改革起到导向和推动作用。

非常规货币政策在稳定金融市场，促进经济复苏方面起到一定的积极作用，但是在中长期内，非常规货币政策的风险及不确定性会增大，而且特定时期启用的非常规货币政策也意味着这项政策终将退出。非常规货币政策的风险、溢出效应、退出时机和退出工具的选择需要央行依据经济发展形势来具体把握。在政策制定和执行过程中，充分考虑政策对金融稳定的影响，尽量消除溢出效应带来的负面影响。

四、利用结构性货币政策调节经济不平衡

传统意义上的货币政策是总量调控政策，对宏观经济产生普遍的全面性影响。2008年次贷危机以来，定向操作逐渐成为世界各国中央银行货币政策的主要方向。当前我国经济发展过程中结构性问题成为主要矛盾，为推动经济转型的顺利进行，我国在宏观调控上坚持"区间调控"和"定向调控"方针，人民银行也在积极推进货币政策工具的创新，结构性货币政策成为宏观调控的重点方向。当前我国实行结构性货币政策主要为了缓解资金供给的结构性矛盾，配合推进供给侧结构性改革，针对具体的行业和部门，如产能过剩行业、房地产行业等，实

行定向操作，提高结构性货币政策的透明度、精准度和有效性。

第四节　供给侧结构性改革中的双支柱调控政策

供给侧结构性改革从生产端入手调整经济产业结构，实现要素的最优配置，提升经济增长的质量和效率。供给侧结构性改革的新形势对宏观审慎和货币政策提出挑战，面对结构性调整，需更加重视双支柱调控政策框架的构建与完善。

一、双支柱调控政策的目标分析

长期以来，我国货币政策侧重于维护物价稳定并以此促进经济增长，而次贷危机后备受关注的宏观审慎政策则重点防范和化解系统性风险，维护金融稳定。

（一）供给侧结构性改革下政策的目标定位

当前我国供给侧结构性改革背景下，就总体目标而言，宏观审慎与货币政策具有长期一致性。从长远来看，两者对价格稳定、金融稳定以及经济增长都具有较大影响。

1. 货币政策最终目标

世界各国把经济增长、物价稳定、充分就业和国际收支平衡作为货币政策的终极目标。虽然由于经济发展状况不同，各国在不同时期所实现的货币政策目标略有不同，但是世界大多数国家把物价稳定作为货币政策的首要目标。按照《中国人民银行法》所宣布的我国货币政策目标为"保持货币币值的稳定，并以此促进经济增长"。但是目前中国经济发展进入了一个新的发展阶段，经济潜在增速下行，供给侧结构性改革正在推进，要求银行体系资金向转型升级的传统产业和企业以及战略性新兴产业和科技创新企业倾斜。央行工作会议指出2016年依然继续实施稳健的货币政策，同时提出要"引导降低社会融资成本，促进经济结构调整和转型升级"，表明央行对供给侧改革的支持，力求为供给侧结构性改革创造良好的货币环境。

首先,加强货币政策的充分就业目标。供给侧结构性改革下,传统的总量调控货币政策无法解决产业结构失衡,产能过剩以及宏观经济中的金融风险,货币政策需由原先的全面调控、总量调控转向"区间调控"和"定向调控",因此货币政策目标也应适时作出调整。供给侧结构性改革下就业形势严峻,尤其是针对行业性和地区性的就业问题更加突出,货币政策目标在维护物价稳定的同时应更多关注充分就业这一目标。然而,一般来说采用宽松的货币政策实现就业增加会引起物价上涨,使得维护物价稳定的目标难以实现。加入充分就业之后的货币政策目标则面临着协调充分就业和物价稳定之间的关系,因此供给侧下促进就业的目标应更具有针对性,需要设计和使用针对行业和地区的货币政策工具,尽可能在物价稳定的前提下扩大就业。

其次,货币政策需要加强对资产价格的关注。次贷危机表明仅关注物价稳定并不能保证整个金融体系稳定,由资产价格波动引起的系统性风险更应受到重视。另外,由于高杠杆在金融危机中放大了金融风险,金融危机过后,企业和机构纷纷通过抛售资产等方式去杠杆化,造成多数资产价格的下跌。货币政策不仅要维护商品市场价格稳定,同时也要维护资产价格稳定。因此,在供给侧结构性改革下货币政策的主要目标应同时关注充分就业、物价稳定以及资产价格。

再次,货币政策中介目标的调控:央行工作会议指出,2016年依然继续实施稳健的货币政策,同时提出要"引导降低社会融资成本,促进经济结构调整和转型升级"。为了实现扩大就业的目标,央行可以充分发挥利率这一中介指标进行间接调控,通过影响资本边际效益,引导银行体系资金流向转型升级的传统产业、战略性新兴产业和科技创新企业。

最后,在供给侧改革下要确保货币供应量适度,维护物价和资产价格的稳定。去杠杆是供给侧结构性改革的主要任务之一,过度宽松的货币政策也会带来加杠杆的压力。货币供应量作为我国货币政策的中介目标,近年来一直保持增长态势。2015年10月至今,广义货币 M_2 余额增速低于同期 M_1 增速,截至2016年10月,广义货币 M_2 余额为151.95万亿元,同比增长11.6%,而同期 M_1 增速为 23.9%,① 大大高于 M_2 增速，表明需求强劲而投资不足，过度宽松的货币政策可能会产生资产价格泡沫和人民币贬值的压力。在供给侧结构性改革下，货币政策必须保持适度宽松，稳步推进货币信贷和社会融资规模的合理适度增长，同时在数量型操作目标的基础上逐步完善价格型指标，从价量两个方面共同维护货币环境的适度，为经济结构调整提供更好的发展空间。

2. 宏观审慎政策目标

虽然宏观审慎政策出现较早，但在次贷危机之后才被世界各国所重视，因此对于宏观审慎的目标目前并没有统一认识。大多数学者认为宏观审慎监管的目标是降低金融系统性风险，也有学者认为宏观审慎监管的主要目标是减少或避免泡沫的产生，还有学者认为宏观审慎目标是关注资产价格波动，认为历次金融危机的爆发大多源于资产价格泡沫破灭引发的系统性风险（王亮亮、甘煜，2012）。金融稳定包括商品市场价格稳定和资产价格稳定以及利率、汇率的合理波动（王元涛、郭树华，2015）。从维护价格稳定这个角度来说，关注资产价格波动作为宏观审慎政策目标和货币政策具有一致性。

（1）宏观审慎政策中介指标：货币政策在执行工具与终极目标之间设有中介指标，用于监测政策目标的执行程度和评估政策工具的有效性。宏观审慎也可以在政策工具与金融稳定目标之间设置中介指标。由于直接对金融稳定进行评估较为广泛与抽象，而且设立中介指标可以适时监测金融体系风险，提早做好抵御风险的准备。与货币政策中介指标类似，宏观审慎中介指标必须具有可测性、可控性，与金融稳定及资产价格具有相关性。就目前而言，中介指标应关注重点行业和机构，如房地产行业、产能过剩行业和金融机构；选取与金融机构流动性、信贷规模、信贷分配、动态准备金等方面相关的典型指标进行监测。

（2）区域性宏观审慎目标：针对我国宏观经济存在区域性和结构性不平衡，区域性金融风险受到更多关注。为了防范区域性金融风险的蔓延，有必要构建区域性宏观审慎管理框架。首先需要完善区域性宏观审慎目标。第一，对区域性金融风险进行评估，对当地核心和支柱产业的经营状况进行监测和评估；第二，加

---

① 资料来源：中国人民银行网站。

强对区域内系统重要性金融机构的管理,尤其是对信贷投放增加迅速和集中的行业进行重点关注,配合供给侧结构性改革的推进。

(二)供给侧结构性改革中政策目标的调整与协调

在我国利率市场化等金融改革不断推进下,金融市场发展迅速,资产价格在金融稳定中的作用越来越明显。货币供应量作为中介目标的难度加大。供给侧结构性改革的背景下,在货币供应量作为中介目标的基础上,建议将利率、资产价格重点纳入货币政策的中介目标。

关于操作目标,一国央行的货币政策操作目标通常分为两类:数量型操作目标和价格型操作目标(见表8-2)。西方国家大多采用价格型操作目标,而我国货币政策以数量型目标为主的同时兼顾价格型目标(汪川,2016)。当前我国应逐步完善价格型指标,如继续推动利率市场化,完善基准利率体系和市场利率结构,并且通过关注资产价格变化,间接调控宏观经济。

表8-2 货币政策操作目标类型

类别	数量型操作目标	价格型操作目标
调控工具	超额准备金、公开市场、基础货币等	准备金率、再贷款利率、再贴现率、金融机构存款利率等
调控目标	货币供应量	资产价格变化,微观主体的财务成本和收入预期
调整方式	直接调控GDP、CPI等	间接调控宏观经济变量
调控重点	重点观测宏观经济变量	监测微观主体预期及其经济行为调整

资料来源:笔者根据相关资料整理。

随着供给侧结构性改革的推进,如何处理充分就业、经济合理增长与金融稳定之间的关系至关重要,这就需要宏观审慎政策与货币政策的协调。货币政策主要关注价格稳定,通过调节利率和货币供应量等工具调控宏观经济活动;宏观审慎政策则重点关注资产价格,通过调节逆周期资本要求与贷款价值比等工具防范和控制系统性风险,通过货币政策和宏观审慎的协调共同实现充分就业、经济合理增长和金融稳定的共同目标(见图8-1)。

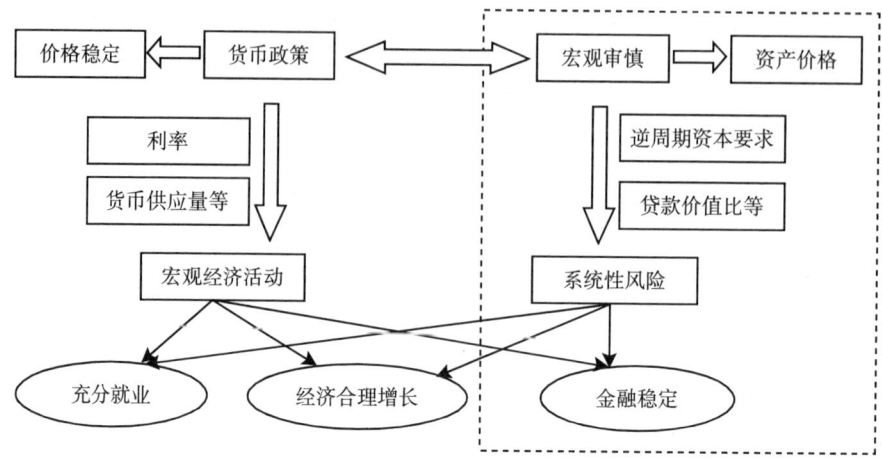

图 8-1　供给侧改革中货币政策与宏观审慎的目标协调
资料来源：笔者自己整理绘制。

二、双支柱调控政策的工具分析

货币政策与宏观审慎政策的实施离不开中间工具的操作。因此货币政策工具与宏观审慎工具的配合也是两者协调的重要方面。

现有的宏观审慎工具主要有两大类：一类是从系统性风险的传染和累积角度，可分为时间维度和截面维度的监管工具；另一类是按照工具的相关性不同划分为与资本相关的工具、与流动性相关的工具、与信贷相关的工具以及与贷款资格标准相关的工具。而货币政策经过多年的发展，已经形成了一套完整的政策工具。当前我国货币政策工具使用较多的主要是存款准备金率、再贴现政策、公开市场操作、利率政策、汇率政策以及窗口指导等。

（一）创新和完善货币政策工具体系

为了实现货币政策目标，在继续发挥传统货币政策工具作用的同时，需要创新和完善货币政策工具体系。在供给侧改革下，货币政策工具应注重流动性、结构性和区域性。

1. 货币政策工具的流动性创新

供给侧结构性改革加剧商业银行的信用风险，加之次贷危机后全球金融体系去杠杆化，使金融机构出现流动性短缺。去杠杆化也会将流动性短缺从资本市场传导至整个金融体系,最终会影响实体经济的发展。在全球量化宽松货币政策的影响之下,针对国内经济运行中的流动性格局,人民银行已经对货币政策工具做出积极的创新和探索。2013年1月,央行积极启用短期流动性调节工具(SLO),作为公开市场常规操作的补充,来熨平公开市场操作中的间歇期流动性波动。2013年,央行创设常备借贷便利(SLF),对金融机构提供流动性支持。进一步发挥公开市场业务的操作功能,同时继续加大对流动性政策工具的探索与开发,并注重多种货币政策工具组合,保持商业银行以及金融体系的流动性。

2. 货币政策工具的结构性调整

推进结构性货币政策可以促进产业结构的调整,优化金融机构存贷款结构,促进经济发展方式的转变。结构性货币政策对信贷结构及利率的调整能调节市场供求变化,引导资金流向,促进生产率的提高。

借鉴国际上对结构性货币政策的实践,如美联储推出的创新型货币政策工具:定期证券借贷便利(TSLF)、商业票据融资工具(CPFF)、定期资产支持证券贷款工具(TALF)等,都具有"结构性"特点,为市场提供流动性;英国央行联合财政部推出融资换贷款计划(FLS),重点支持银行对中小企业和家庭放贷;欧洲央行推出定向长期再融资操作(TLTRO),引导资金流向实体经济,尤其是中小企业;日本央行推出贷款支持计划(LSP),包括促增长融资便利和刺激银行借贷便利,同样是向实体经济注资。

结构性货币政策工具的使用首先应坚持将信贷投放和产业结构调整相结合,充分发挥货币政策引导资源合理配置的作用;进一步提高货币政策工具的灵活性和针对性,如针对目前结构性改革中的产能过剩行业与房地产行业推出定向降准、定向降息、低利率抵押补充再贷款(PLS)等措施。鉴于我国供给侧主要是结构性供需不平衡,还应重视选择性货币政策工具的运用,如消费者信用控制、不动产信用控制等措施,加大对某些特殊行业和领域的信用调节和影响。

3. 货币政策工具的区域性调节

供给侧结构性改革推进过程中,区域性差异较为明显。例如,黑龙江、山西等省份过剩产业相对集中,去产能结构性调整会对这些地区的GDP、财政收入以及就业产生极大的影响,因此货币政策工具在总量适度的基础上应注重区域性调节。

货币政策工具仍然要重视传统的总量调节功能，但是在使用上更重视结构性和区域性。首先，充分发挥法定存款准备金率的作用。在完善基于不同类型金融机构的差别准备金制度的同时，应注重准备金制度的区域性，对不同省份和区域实行有差别的存款准备金制度，对于经济发展速度缓慢或经济下行严重省份的金融机构给予优惠利率等政策。其次，发挥中央银行再贴现政策的区域性特点。针对不同区域采用不同的再贴现率以及针对不同的贴现票据种类和申请机构加以规定和区别对待，引导和改变商业银行资金流向，充分发挥区域性特征。再次，重视公开市场业务的区域性作用。西方国家使用最多的公开市场业务具有主动性、灵活性和针对性等优势，针对供给侧结构性改革下产业结构的调整和去产能、去库存的现状，不同省份和地区经济发展程度不同，金融发展水平也有很大差异，在不同的区域分别推进公开市场业务，有助于实现区域性货币资金的调整。最后，大力发展票据市场和公开业务市场，加快创新再贴现业务所需票据种类、公开市场业务所需的证券种类，扩大证券实施的规模和范围，更好地发挥货币政策工具的区域性作用。

（二）创新和完善宏观审慎政策工具

由于宏观审慎政策在次贷危机之后才受到重视，发展时间相对较晚，部分监管工具也是微观审慎的监管工具，所以宏观审慎政策工具本身就在发展和完善当中。结合我国目前的形势，有必要对宏观审慎工具进一步细化和完善。

首先，从宏观层面看，宏观审慎工具应体现区域性。为防范区域金融风险，宏观审慎政策应对不同地区的金融机构实行差别化管理，对特定领域的风险敞口提高资本要求。具体可将一般性宏观审慎工具区域化，采用带有区域性质的差别化的逆周期资本缓冲、杠杆率、动态贷款损失准备等工具，解决当前存在的区域性金融问题。

其次，从行业角度看，宏观审慎工具应体现区域性。应针对不同的行业使用不同的工具，将企业贷款风险权重、贷款增长上限、贷款集中度限制等工具按照行业类别细化，通过控制信贷规模来引导资金流向不同的行业或产业。

对房地产行业实行差别化的住房信贷政策，合理运用贷款价值比、债务收入比等工具配合房地产行业的去库存任务，引导理性住房消费，防止投机性购房需求引起的资产价格上涨；在煤炭、钢铁等产能过剩行业，采取控制信贷规模等方式减少资金流入；对战略性新兴领域则采取支持和引导的方式加大资金投入；加大对"三农"和小微企业的资金扶持。

最后，从金融机构方面看，宏观审慎工具应体现流动性。根据金融机构的性质、区域经济发展程度等不同，实行差别化的流动性缓冲要求、准备金要求等工具，提高金融机构的流动性。

(三) 货币政策工具与宏观审慎工具使用时机与配合

货币政策工具和宏观审慎工具的使用一直具有基于规则和相机抉择的争议。基于规则的货币政策和宏观审慎政策透明度较高，政策的导向性较为明确；基于相机抉择的政策灵活性较高，在不同的经济环境下易于操作。目前理论界较为统一的是建立一种基于规则的基准政策在正常状态下使用，同时根据经济金融环境的变化可以使用相机抉择。国际清算银行（BIS）下设的全球金融体系委员会（CGFS）在2012年12月发布的《宏观审慎工具的选择与应用》中提出了宏观审慎工具的使用时机：在金融周期上行时期，应紧缩宏观审慎工具；在金融周期下行时期，若伴随危机爆发，宏观审慎工具需要迅速放松以避免过度去杠杆化；若未发生危机，放松宏观审慎工具有助于降低经济下行带来的不利影响。

供给侧结构性改革下货币政策仍然以总量调节为主，同时侧重于结构性改革，即央行继续实行稳健的货币政策，同时指出货币政策要引导降低社会融资成本，促进经济结构调整和转型升级。宏观审慎政策将继续关注资产价格的波动，防止系统性风险的发生，并且配合货币政策进行结构性调整和改革。具体措施如下：

（1）充分发挥利率的间接调控作用，即通过影响资金使用成本来调节宏观经济。长期以来，我国货币政策侧重于数量型调控工具，如货币供应量等，未来的货币政策应侧重于发挥利率的价格杠杆作用，重点对不同省份和地区，不同行业实行差别利率、优惠利率，鼓励新兴产业和创新企业的发展；运用差异性政策，支持小微企业和"三农"产业发展，促进供给侧结构调整和创新，缓解供给侧改革中的就业问题。同时还要继续加快利率市场化进程，完善基准利率体系和市场利率结构，使利率的间接调控作用更加显著。配合宏观审慎政策，关注资产价格变化，通过影响资金使用成本来实现货币政策调控。

（2）央行针对国内经济运行中的流动性格局与产业结构调整方向，继续加强货币政策和宏观审慎工具的创新和探索。同时配合宏观审慎工具中的流动性覆盖比率（LCR）、净稳定融资比率（NFSR），降低供给侧改革中商业银行流动性风险。根据国际货币基金组织发布的《宏观审慎政策指引》，分部门、分时期使用宏观审慎政策工具，报告中提出应根据风险性质和程度、工具效用和潜在成本，选择并对多个工具排序，在效益和执行成本之间取得平衡，阶梯式实施。[①] 同时针对金融风险的区域性，还应设计和开发区域性宏观审慎监管工具。

（3）进一步完善宏观审慎评估体系，增强中央银行抵押品管理机制，通过引入 LTV 和 DTI 限制，有效控制房地产风险。建立差别化的货币政策，对不同的金融机构提供差别化的政策工具，推动供给侧结构性改革进程。

三、双支柱调控政策的传导机制分析

货币政策通过利率和货币供应量渠道对银行、企业和个人产生影响。在经济低位运行时期，央行扩张性的货币政策通过降低利率，影响商业银行信贷投放能力，最终会降低商业银行的资本充足率与杠杆比率。由于商业银行拨备制度具有顺周期性，扩张性的货币政策使得商业银行拨备减少，从而影响宏观审慎政策的实施。当以提高货币供应量的扩张性货币政策实施后，居民手中财富增加，消费增加，总需求增加。若证券市场不景气，居民会把手中的货币投放到实物资产上，加剧房地产等领域的资产价格上涨，资产价格的稳定对宏观审慎监管有重要影响。

当经济下行处于衰退阶段，货币当局会采取扩张性的货币政策来刺激经济发展，此时商业银行资本充足率降低，潜在风险敞口增大，而逆周期资本监管旨在阻止资本缓冲的下降，提高商业银行抗风险能力，因此，此时实施宏观审慎监管政策会与扩张性货币政策发生冲突，进而使货币政策效果被部分抵消，货币政策的乘数效应不能完全发挥，使得货币当局的扩张性货币政策起不到应有的效果；

---

① 中国人民银行金融稳定分析小组. 2016 中国金融稳定报告 [R]. 北京：中国金融出版社，2016.

动态拨备作为宏观审慎政策的另外一种常用工具,对货币政策的实施同样具有一定的影响。当经济增速处于适度时期,货币当局实施扩张性的货币政策刺激经济进一步发展,而动态拨备的提取,使得货币政策的实施效果降低;当经济处于过热时期,动态拨备的提取会使紧缩性的货币政策效果更佳显著。

从货币政策与宏观审慎政策传导机制来看,两者既有重叠又有互补,同时还存在潜在的冲突,供给侧结构性改革背景下更应该注重两者协调,充分发挥两者相互促进的作用。

货币政策与宏观审慎在传导过程中出现的冲突主要集中于银行借贷这一主要传导渠道,尤其我国是以银行间接融资为主导。而资产价格是将宏观审慎与货币政策联系在一起的重要因素,资产价格波动通过银行信贷机制影响金融稳定。因此,在供给侧结构性改革中,应充分发挥利率的间接调控作用,即通过影响资金使用成本来调节宏观经济,引导供给侧结构性改革中资金的流向;加大推行直接融资,弱化货币政策传导机制在银行体系中的作用,可以更好地解决货币政策与宏观审慎的潜在冲突;密切关注物价和资产价格的变化,以货币政策影响和调节物价水平,宏观审慎政策关注资产价格,在两者同时出现较高状态时,可同时运用货币政策和宏观审慎政策进行调控,使两种政策的叠加和协调效应达到最大化。

四、双支柱调控政策的组织机构分析

实践中,虽然各国宏观审慎监管实施主体尚无统一定论,但各国都把强化中央银行的宏观审慎职能作为改革的重点,中央银行被赋予了更多的权利。我国宏观审慎监管体系初步建立,还需进一步完善。

(一)明确监管主体与形式

我国现行的金融监管体制运行良好,"一行两会"各司其职。中国人民银行作为我国的中央银行,在制定和执行货币政策的同时也承担着"防范和化解系统性金融风险,维护金融稳定的职责"。我国学者较早地对宏观审慎监管主体做出分析和探讨,普遍认为中央银行作为宏观审慎监管主体具有得天独厚的先天优势。由于中央银行承担着最后贷款人职能,拥有制定和实施货币政策、维护金融稳定、维护支付清算系统正常运行的职能,在宏观审慎监管中可以发挥重要作用。在中央银行发挥宏观审慎监管的主要职能时，银监会、证监会和保监会同样具有宏观审慎监管的职能，如银监会发布的《商业银行资本管理办法（试行）》等都是加强宏观审慎管理的举措。

供给侧结构性改革下，应加强宏观审慎与货币政策的协调，面对产业结构的调整，除发挥"一行两会"的作用之外，还应重视产业政策和财政政策对供给侧结构性改革以及宏观经济产生的影响。根据产业结构的调整制定货币政策，引导资金流向，同时金融体系的信贷规模与不良贷款率等也与产业结构的调整有密切关系。另外中央银行对金融的支持大多是以增加流动性的方式提供，当中央银行不能提供额外资本时，财政政策将会发挥较大作用（见图8-2）。

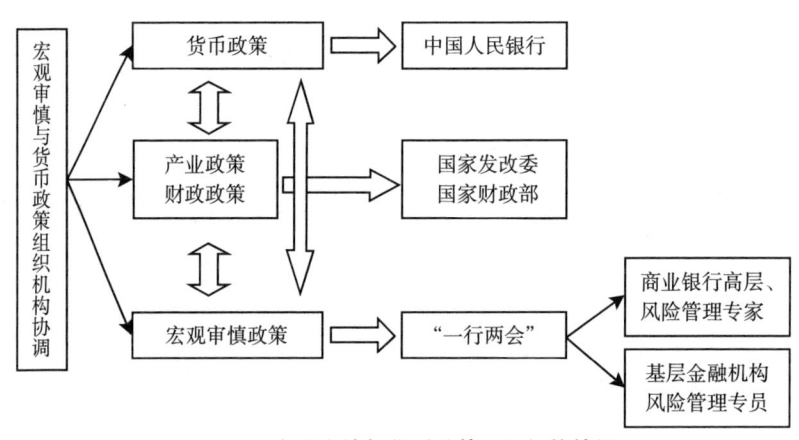

图8-2　宏观审慎与货币政策组织机构协调

资料来源：笔者自己整理绘制。

（二）监管权限与职责

从理论上讲，宏观审慎与货币政策有不同的政策目标和监管工具，在实施过程中两者应相互补充，不能相互替代。在具体执行过程中，人民银行的核心职能是制定和实施货币政策，供给侧下货币政策的制定与实施应与产业结构的调整相适应。首先，货币政策要保证其工具的有效性、连续性和可控性。当金融处于失衡状态和不确定增加时，能够及时、准确地进行操作。其次，根据宏观经济发展适时调节货币供应量和货币供给速度。货币供应量的增减与实体经济的发展有着密切关系。在当前去产能、去库存的背景下，需要对各个行业信贷规模和货币增速进行调节。如货币供应量增加会推动房地产行业成本增加、价格上涨，不仅会推动房地产行业虚假繁荣，也会对相关行业造成影响。最后，注重货币政策的前瞻性和对预期的引导。鉴于目前我国经济进入低速增长时期，货币政策调整幅度较大将会造成收入、通胀的波动，为了控制通胀保持在合理范围内，需要对利率进行调整和影响。重视货币政策的前瞻性指引，通过合理引导公众预期，维持利率的较低水平，对当前经济发展与结构调整有重要意义。

对于宏观审慎政策来说，人民银行作为宏观审慎监管主体，其主要职责体现在：制定宏观审慎政策框架，开发宏观审慎政策工具，对系统性金融风险进行识别和监测，对宏观审慎与货币政策进行协调，在危机救助中发挥最后贷款人的作用等。同时，在人民银行的领导下，充分发挥银保监会的宏观审慎监管功能，这就将宏观审慎与微观审慎进行结合。首先，银保监会建立风险预警系统，对金融机构进行日常的风险监管和评估；其次，对不同类型的金融机构系统性风险进行识别，尤其是对系统重要性银行的风险敞口管理；再次，若存在潜在金融风险则及时调整宏观审慎政策工具，使金融机构调整自身的资产负债、流动性等指标；最后，注重宏观审慎监管的动态调整。银监会做好与人民银行的沟通与对接，对整个宏观审慎监管进行事前沟通、中期调整以及事后评价。

（三）数据信息共享机制的构建

为了确保宏观审慎与货币政策协调的顺利进行，需要加强数据信息的共享。全面、及时、准确的数据信息共享是政策协调的基础，也是实现金融有效监管，防范金融风险的重要保证。2011年，IMF-BIS-FSB曾就宏观审慎管理提出数据信息共享指标，包括有关金融失衡的总体指标、有关金融市场的指标和跨部门风险关联性指标。根据当前宏观经济发展状况，应构建针对宏观经济发展的数据信息共享平台。

第一，推动构建数据信息共享平台的立法进程。从法律的角度明确构建数据共享机制的参与主体、范围与权责分工。主导金融体系的"一行两会"、推动产业结构调整的发改委以及财政部，分别就货币政策、金融体系、产业结构和财政政策提供及时、完整的信息。

第二，建立分层次、跨部门的信息共享机制。第一层次要加强宏观经济与金融部门之间的信息共享,及时提供各行业、各部门发展的宏观经济金融数据,包括各行业的资产负债、回报率、盈利状况、社会融资规模、存贷款规模等;第二层次加强政府、企业、金融机构以及个人信息共享,包括政府与企业债务数据、杠杆率、个人征信数据等;第三层次是金融监管部门与金融体系之间的信息共享,包括"一行两会"之间具有交叉业务的数据信息、银行间市场、证券市场、信托市场等的数据收集与共享。

第三,加强数据信息的管理与定期披露,增强信息透明度。

第五节 双支柱调控政策与其他政策的协调

除了货币政策与宏观审慎的协调之外,供给侧结构性改革中还需关注与其他政策的协调,如货币政策与财政政策协调、宏观审慎与微观审慎的协调。

一、货币政策与财政政策的协调

对货币政策与财政政策协调的研究是理论界较早进行的,也是对宏观经济调控的最基本手段之一。在供给侧结构性改革的推进中,财政政策在产业结构调整方面更能发挥其积极作用,但新形势下也对财政政策提出新的挑战。例如,面对提高全要素生产率,实现产业结构向高端化升级的任务,如何合理借鉴和使用"供给革命"的减税手段;当前我国地方政府的杠杆率较高,去杠杆也是要约束地方政府的投资行为,如何改变以间接融资为主的融资结构,控制其软预算约束下的高负债倾向等。

财政政策与货币政策作为宏观调控的需求侧手段,应充分发挥财政货币政策的结构性功能来实现经济的平稳增长。对"三农"、节能降耗、生态保护领域区别对待,加大对生态领域、自主创新领域的扶持、对要素市场的投入,激发企业的发展动力。运用结构性政策促进区域间的协调发展,从而保证供给侧改革顺利推进,实现宏观经济平稳增长。

二、宏观审慎与微观审慎的协调

次贷危机后，有关宏观审慎与微观审慎监管的研究较多，对于两者的关系也达成许多共识。微观审慎监管是宏观审慎监管的基础，宏观审慎监管是微观审慎监管的补充；微观审慎关注单个金融机构的稳健性，宏观审慎则关注金融机构之间的关联性。虽然两者具有多方面差异，但维护金融体系的安全性，保持金融市场的流动性，维护金融机构的正常运行是两者的共同目标。

从两者工具的使用上看，许多宏观审慎工具需与微观审慎工具配合使用，或者说有些微观审慎工具本身就是宏观审慎工具的组成部分，例如，逆周期资本调节、对流动性和杠杆率指标的限制等工具。从数据收集上看，微观审慎监管机构对单个金融机构数据的采集是实施宏观审慎政策分析的基础，微观审慎监管机构在获得单个金融机构资本充足率指标、流动性等指标方面具有优势，微观审慎监管机构掌握的有关系统重要性金融机构数据，更是宏观审慎防范系统性风险的重要依据。因此，有必要进一步关注宏观审慎与微观审慎政策的协调。

供给侧结构性改革的推行，产业结构调整与转型升级以及创新驱动发展战略的实施，区域性金融风险和系统性金融风险将会增加，必须建立和完善货币政策与财政政策以及宏微观审慎监管政策相互协调的风险防范机制。货币政策通过利率和货币供应量等手段调节总需求，引导供给侧改革下的资金流向和资源合理配置；财政政策通过减税和调节政府支出来配合产业结构的调整，稳定区域经济发展；宏观审慎监管政策则通过调节逆周期资本要求和贷款价值比等工具重点关注系统性金融风险；微观审慎监管则保证单个银行的稳健经营。通过政策间的协调与配合，有效防范和控制金融风险，维护金融体系的正常运行，为供给侧结构性改革创造良好的宏观经济环境。

第六节 政策的国际间协调

有关货币政策的国际合作较早就有研究,此次席卷全球的次贷危机使得各国意识到系统性风险在国际上的传染造成的负面影响。随着经济和金融的全球化发展,各国货币政策的影响、通货膨胀在国际间的转移、跨国资本的流动、金融机构的跨国经营等都对宏观审慎与货币政策国际间协调提出更高的要求。尤其是2008年以来,发达经济体实施的非常规货币政策对新兴市场带来的负面溢出效应非常明显,新兴市场国家在应对这些挑战方面还有待于进一步加强。

一、资本流动的国际间影响

开放经济条件下,资本的国际间流动对一国的货币政策、产业结构调整也会产生较大影响。短期资本具有逐利性,套利是资本国际间流动的重要诱因。而货币政策与国际资本流动之间有着密切的联系,货币政策的调整会引起国际间资本流动,资本流动又会削弱货币政策的效果。

随着我国金融市场化改革和利率市场化改革的推进,短期资本流动、汇率以及资产价格之间的关系更加复杂化。短期资金的流入对我国金融市场起到一定的积极作用,但是资本流入也可能对该行业或领域造成一定的影响和冲击,破坏正常的社会秩序,对金融与经济稳定造成威胁。因此,应对短期资本大规模流入进行审查、监测和管理,在当前形势下,尤其要重点监测房地产行业和股票市场。倘若短期资本流入我国的房地产行业或股市,将会造成房地产价格和股票价格的非理性增长,从而造成资产价格的泡沫,对金融稳定构成威胁。

因此,加强对国际资本的监测与管理,通过政策措施积极引导资本流向国家扶持的新兴产业和高技术行业;另外,根据三元悖论,在开放经济中国际资本可自由流动的情况下,要保持货币政策独立性,则需要完善人民币汇率市场化改革;进一步完善国际资本流入的税收管理机制,若对本国造成影响,即可通过税收机制进行调节。

二、政策的溢出与外部性

有效的宏观审慎政策实施能够为其他国家的金融稳定提供支持，形成正外部性。但一国采取为控制国内信贷快速增长导致风险积累的政策，可能会因跨境借贷的增多而遭遇渗漏问题；宏观审慎政策的实施通过国内银行传导对跨境借贷产生影响，进而会对其他国家带来不良的外溢效应；各国监管力度的不均衡会导致高风险活动向监管力度较轻的国家或地区转移，因此，可以说防范系统性风险的国际合作更加艰难。

三、国际金融机构的作用

为了降低货币政策与宏观审慎政策实施带来的跨境影响，应努力从国际层面推动政策合作与协调。次贷危机之后，巴塞尔银行监管委员会、金融稳定理事会等国际组织对国际金融监管规则进行了改革，如不断修订与完善《巴塞尔协议》、自2011年起定期更新全球系统重要性金融机构名单等措施，并从时间维度和截面维度发展宏观审慎政策工具。另外，G20、国际清算银行、国际货币基金组织等也在不断尝试宏观审慎政策方面的合作。

总之，供给侧结构性改革是我国"十三五"期间的主要任务，在推进经济稳定增长、实现市场资源优化配置、促进产业结构转型升级、突破"中等收入陷阱"等方面具有重要战略意义。但是绝不能忽视改革伴随的金融风险，以及对金融稳定的影响。因此新形势下研究货币政策与宏观审慎的协调具有重要的现实意义。围绕供给侧结构性改革，货币政策与宏观审慎政策需要以充分就业、经济合理增长与金融稳定为目标；建立多元化的工具体系，使用工具上注重结构性调节，充分起到资源配置和调节的作用；同时需要处理好两者在传导机制上的重叠与冲突，充分发挥两者相互促进的作用；在监管体制上，"一行两会"作为监管主体，应加强与国家发改委、财政部的协调。除此之外，还需要加强与财政政策、微观审慎政策以及国际间政策的协调，为货币政策与宏观审慎的实施创造良好的外部环境，保证供给侧结构性改革顺利进行，维护金融稳定，促进经济长期健康发展。

附　录

附表 1　全球系统重要性银行

组别（附加资本要求）	全球系统重要性银行
5 (3.5%)	空
4 (2.5%)	英国汇丰银行
	美国摩根大通集团
3 (2.0%)	英国巴克莱银行
	法国巴黎银行
	美国花旗银行
	德意志银行
2 (1.5%)	美国银行
	瑞士信贷
	美国高盛集团
	三菱日联金融集团
	美国摩根士丹利集团
	中国农业银行
1 (1.0%)	中国银行
	纽约梅隆银行
	中国建设银行
	法国大众储蓄银行集团
	法国农业信贷银行
	中国工商银行
	荷兰商业银行
	日本瑞穗实业银行
	北欧联合银行
	苏格兰皇家银行
	西班牙桑坦德银行
	法国兴业银行

续表

组别（附加资本要求）	全球系统重要性银行
1 （1.0%）	渣打银行
	美国道富银行
	日本三井住友金融集团
	瑞士联合银行
	意大利联合银行
	美国富国银行

资料来源：FSB《2015 年全球系统重要性银行名单更新》，2015 年 11 月。

附表 2　我国商业银行 2011~2016 年各季度末资产利润率与资本利润率

单位：%

	资本利润率	资产利润率
2011 年 3 月	22.40	1.40
2011 年 6 月	22.60	1.40
2011 年 9 月	22.10	1.40
2011 年 12 月	20.40	1.30
2012 年 3 月	22.34	1.43
2012 年 6 月	22.29	1.41
2012 年 9 月	21.54	1.39
2012 年 12 月	19.85	1.28
2013 年 3 月	21.00	1.37
2013 年 6 月	21.19	1.38
2013 年 9 月	20.67	1.36
2013 年 12 月	19.17	1.27
2014 年 3 月	20.80	1.40
2014 年 6 月	20.66	1.37
2014 年 9 月	19.78	1.35
2014 年 12 月	17.59	1.23
2015 年 3 月	17.76	1.29
2015 年 6 月	17.26	1.23
2015 年 9 月	16.68	1.20
2015 年 12 月	14.98	1.10
2016 年 3 月	15.93	1.19
2016 年 6 月	15.16	1.11
2016 年 9 月	14.58	1.08

资料来源：中国银保监会网站。

附表3 不同类型商业银行资产利润率

单位：%

	大型商业银行	股份制商业银行	城市商业银行	农村商业银行
2014年3月	1.47	1.25	1.30	1.60
2014年6月	1.45	1.23	1.27	1.55
2014年9月	1.42	1.22	1.24	1.52
2014年12月	1.30	1.10	1.12	1.38
2015年3月	1.37	1.18	1.19	1.40
2015年6月	1.32	1.11	1.12	1.32
2015年9月	1.31	1.08	1.08	1.26
2015年12月	1.20	0.99	0.98	1.11
2016年3月	1.29	1.07	1.08	1.22
2016年6月	1.20	1.02	1.00	1.13
2016年9月	1.17	0.98	0.98	1.13

资料来源：中国银保监会网站。

附表4 2014~2015年我国上市银行各季度净利差

单位：%

	2014年3月	2014年6月	2014年9月	2014年12月	2015年3月	2015年6月	2015年9月	2015年12月
中信银行	2.78	2.14	2.93	2.19	3.30	2.14	3.30	2.13
中国银行	2.19	2.25	2.25	2.31	2.16	2.19	2.19	2.18
农业银行	2.81	2.77	2.75	2.76	2.79	2.61	2.72	2.49
民生银行	2.69	2.42	2.71	2.41	2.69	2.19	2.68	2.10
建设银行	2.61	2.62	2.67	2.61	2.57	2.48	2.47	2.46
光大银行	2.83	1.99	3.00	2.06	2.88	2.03	2.98	2.01
工商银行	2.41	2.43	2.48	2.46	2.39	2.34	2.37	2.30
招商银行	2.44	2.37	2.30	2.33	2.72	2.60	2.59	2.59
兴业银行	2.80	2.15	2.96	2.23	3.58	2.22	4.33	2.26
浦发银行	3.06	2.22	3.38	2.27	3.63	2.22	3.87	2.26
平安银行	2.23	2.32	2.36	2.40	2.57	2.57	2.59	2.63
宁波银行	2.89	2.53	2.64	2.50	2.43	2.38	2.41	2.40
南京银行	2.25	2.35	2.38	2.41	2.42	2.49	2.45	2.44
交通银行	2.14	2.20	2.21	2.17	2.11	2.10	2.08	2.06
华夏银行	2.34	2.44	2.57	2.52	2.94	2.45	2.84	2.40
北京银行	2.09	2.21	2.29	2.35	2.40	2.40	2.32	2.33

资料来源：Wind数据库。

附表 5　14家上市银行2008~2015年每季度末不良贷款率

单位：%

	北京银行	华夏银行	交通银行	南京银行	宁波银行	平安银行	浦发银行
2008年3月	1.90	2.16	1.94	1.59	0.35	5.15	1.38
2008年6月	1.74	2.06	1.83	1.39	0.40	4.64	1.22
2008年9月	1.65	1.94	1.75	1.52	0.63	4.28	1.19
2008年12月	1.55	1.82	1.92	1.64	0.92	0.68	1.21
2009年3月	1.33	1.69	1.62	1.51	0.91	0.61	0.96
2009年6月	1.14	1.55	1.51	1.37	0.85	0.72	0.90
2009年9月	1.01	1.53	1.44	1.26	0.76	0.65	0.93
2009年12月	1.02	1.50	1.36	1.22	0.79	0.68	0.80
2010年3月	0.82	1.39	1.27	1.14	0.71	0.63	0.71
2010年6月	0.76	1.28	1.22	1.05	0.62	0.61	0.62
2010年9月	0.72	1.23	1.22	0.98	0.65	0.57	0.60
2010年12月	0.69	1.18	1.12	0.97	0.69	0.58	0.51
2011年3月	0.66	1.08	1.05	0.91	0.67	0.48	0.44
2011年6月	0.59	0.98	0.98	0.85	0.69	0.44	0.42
2011年9月	0.54	0.96	0.94	0.82	0.66	0.43	0.40
2011年12月	0.53	0.92	0.86	0.78	0.68	0.53	0.44
2012年3月	0.53	0.88	0.81	0.73	0.68	0.68	0.48
2012年6月	0.55	0.85	0.82	0.75	0.72	0.73	0.53
2012年9月	0.57	0.85	0.87	0.78	0.75	0.80	0.58
2012年12月	0.59	0.88	0.92	0.83	0.76	0.95	0.58
2013年3月	0.54	0.90	0.97	0.83	0.83	0.98	0.59
2013年6月	0.59	0.91	0.99	0.92	0.83	0.97	0.67
2013年9月	0.61	0.92	1.01	0.92	0.84	0.96	0.69
2013年12月	0.65	0.90	1.05	0.89	0.89	0.89	0.74
2014年3月	0.65	0.91	1.09	0.89	0.89	0.91	0.77
2014年6月	0.68	0.93	1.13	0.93	0.89	0.92	0.93
2014年9月	0.76	0.96	1.17	0.94	0.89	0.98	0.96
2014年12月	0.86	1.09	1.25	0.94	0.89	1.02	1.06
2015年3月	0.93	1.10	1.30	0.95	0.89	1.17	1.18
2015年6月	0.92	1.35	1.35	0.95	0.89	1.32	1.28
2015年9月	0.94	1.37	1.42	0.95	0.88	1.34	1.36
2015年12月	1.12	1.52	1.51	0.83	0.92	1.45	1.56

续表

	兴业银行	招商银行	工商银行	建设银行	民生银行	中国银行	中信银行
2008年3月	1.09	1.42	2.51	2.22	1.16	2.77	1.47
2008年6月	1.04	1.25	2.41	2.21	1.21	2.58	1.45
2008年9月	1.06	1.20	2.37	2.17	1.22	2.58	1.37
2008年12月	0.83	1.11	2.29	2.21	1.20	2.65	1.36
2009年3月	0.72	1.01	1.97	1.90	1.17	2.24	1.07
2009年6月	0.67	0.86	1.81	1.71	0.86	1.80	0.99
2009年9月	0.61	0.83	1.68	1.57	0.82	1.60	0.96
2009年12月	0.54	0.82	1.54	1.50	0.84	1.52	0.95
2010年3月	0.53	0.74	1.35	1.35	0.80	1.30	0.84
2010年6月	0.49	0.67	1.26	1.22	0.79	1.20	0.81
2010年9月	0.48	0.64	1.15	1.14	0.75	1.10	0.81
2010年12月	0.42	0.68	1.08	1.14	0.69	1.10	0.67
2011年3月	0.40	0.61	1.00	1.09	0.66	1.04	0.66
2011年6月	0.35	0.61	0.95	1.03	0.63	1.00	0.62
2011年9月	0.34	0.59	0.91	1.02	0.62	0.99	0.60
2011年12月	0.38	0.56	0.94	1.09	0.63	1.00	0.60
2012年3月	0.40	0.56	0.89	1.04	0.67	0.97	0.56
2012年6月	0.40	0.56	0.89	1.00	0.69	0.94	0.61
2012年9月	0.45	0.59	0.87	1.00	0.72	0.93	0.60
2012年12月	0.43	0.61	0.85	0.99	0.76	0.95	0.74
2013年3月	0.49	0.66	0.87	0.99	0.76	0.91	0.88
2013年6月	0.57	0.71	0.87	0.99	0.78	0.93	0.90
2013年9月	0.63	0.79	0.91	0.98	0.78	0.96	0.90
2013年12月	0.76	0.83	0.94	0.99	0.85	0.96	1.03
2014年3月	0.84	0.85	0.97	1.02	0.87	0.98	1.15
2014年6月	0.97	0.98	0.99	1.04	0.93	1.02	1.19
2014年9月	0.99	1.10	1.06	1.13	1.04	1.07	1.39
2014年12月	1.10	1.11	1.13	1.19	1.17	1.18	1.30
2015年3月	1.24	1.24	1.29	1.30	1.22	1.33	1.35
2015年6月	1.29	1.50	1.40	1.42	1.36	1.41	1.32
2015年9月	1.57	1.60	1.44	1.45	1.45	1.43	1.42
2015年12月	1.46	1.68	1.50	1.58	1.60	1.43	1.43

资料来源：Wind数据库、各上市银行年报财务数据、中国银保监会年报。

附表6 14家上市银行2008~2015年每季度末资本充足率

单位：%

	北京银行	华夏银行	交通银行	南京银行	宁波银行	平安银行	浦发银行
2008年3月	19.63	8.25	13.96	28.13	19.01	8.41	9.04
2008年6月	19.14	8.22	14.06	25.59	17.02	8.53	8.66
2008年9月	19.40	9.81	13.77	24.89	16.44	8.84	8.47
2008年12月	19.66	11.40	13.47	24.12	16.15	8.58	9.06
2009年3月	17.89	10.88	12.77	19.66	14.78	8.53	8.72
2009年6月	16.12	10.36	12.57	15.20	12.84	8.62	8.11
2009年9月	15.24	10.28	12.52	13.21	11.25	8.60	10.16
2009年12月	14.35	10.20	12.00	13.90	10.75	8.88	10.34
2010年3月	13.41	10.39	11.73	12.75	10.88	8.66	10.16
2010年6月	12.47	10.57	12.17	11.59	10.81	10.41	10.24
2010年9月	12.55	10.58	12.53	10.48	10.91	10.07	10.19
2010年12月	12.62	10.58	12.36	14.63	16.20	10.19	12.02
2011年3月	12.45	11.95	12.05	13.26	15.22	10.13	11.68
2011年6月	12.27	13.32	12.20	12.43	14.62	10.58	11.50
2011年9月	12.17	13.06	11.89	11.67	15.53	11.46	11.24
2011年12月	12.06	11.68	12.44	14.96	15.36	11.51	12.70
2012年3月	12.62	11.21	12.42	13.65	14.84	11.63	12.48
2012年6月	13.18	11.30	12.57	13.34	14.71	11.40	12.21
2012年9月	13.04	11.23	14.51	13.34	14.66	11.30	12.07
2012年12月	12.90	10.85	14.07	14.98	15.65	11.37	12.45
2013年3月	12.58	10.80	13.67	13.67	14.73	10.17	11.14
2013年6月	12.25	11.03	13.85	13.16	13.80	9.90	11.20
2013年9月	11.78	11.27	13.25	12.20	13.40	9.93	11.14
2013年12月	11.31	10.93	13.01	12.95	13.88	11.04	11.50
2014年3月	10.95	11.01	12.94	10.64	11.04	11.92	11.55
2014年6月	10.59	11.29	13.18	10.10	12.51	11.97	11.59
2014年9月	11.00	12.35	13.81	9.57	12.16	11.80	10.91
2014年12月	11.40	11.95	13.94	10.99	13.31	11.75	11.96
2015年3月	11.46	11.67	13.61	10.84	12.96	11.36	11.62
2015年6月	11.51	10.72	13.52	12.30	13.13	10.96	12.31
2015年9月	11.89	10.79	13.51	12.11	12.53	10.95	12.33
2015年12月	12.27	10.85	13.55	13.11	13.29	10.94	12.23

续表

	兴业银行	招商银行	工商银行	建设银行	民生银行	中国银行	中信银行
2008年3月	11.29	10.79	11.92	12.38	9.97	13.56	14.78
2008年6月	10.85	10.41	12.46	12.06	9.21	13.78	14.28
2008年9月	11.05	12.12	12.62	12.10	9.22	13.89	14.66
2008年12月	11.24	11.34	13.06	12.16	9.22	13.43	14.32
2009年3月	10.23	10.95	12.11	12.37	8.85	12.34	13.42
2009年6月	9.21	10.63	12.09	11.97	8.48	11.53	12.04
2009年9月	10.63	10.54	12.60	12.11	9.66	11.63	11.24
2009年12月	10.75	10.45	12.36	11.70	10.83	11.14	10.14
2010年3月	10.63	11.53	11.98	11.44	10.80	11.09	9.34
2010年6月	11.96	11.60	11.34	11.68	10.77	11.73	10.95
2010年9月	11.59	11.47	11.57	11.64	10.61	11.73	11.66
2010年12月	11.22	11.47	12.27	12.68	10.44	12.58	11.31
2011年3月	10.71	10.91	11.77	12.45	10.59	12.38	11.05
2011年6月	11.22	11.05	12.33	12.51	10.73	12.95	11.40
2011年9月	10.92	11.39	12.51	12.58	10.80	12.84	12.83
2011年12月	11.04	11.53	13.17	13.68	10.86	12.97	12.27
2012年3月	11.04	11.54	13.13	13.66	11.11	12.80	12.39
2012年6月	11.25	11.55	13.56	13.82	11.36	13.00	13.44
2012年9月	11.12	11.56	13.61	13.87	11.06	13.16	13.72
2012年12月	12.06	12.14	13.66	14.32	10.75	13.63	13.44
2013年3月	10.79	11.96	13.77	13.98	11.67	13.23	13.17
2013年6月	11.10	11.39	13.65	14.18	11.66	13.33	12.89
2013年9月	11.84	11.49	13.36	14.15	11.61	13.29	12.67
2013年12月	11.92	11.28	13.31	13.88	12.10	13.47	12.12
2014年3月	12.05	11.49	13.25	13.84	12.53	12.95	12.33
2014年6月	13.09	11.70	13.56	14.24	12.56	13.14	12.53
2014年9月	13.32	11.98	13.87	14.50	12.03	13.46	12.99
2014年12月	12.19	12.38	14.29	14.71	12.12	14.38	12.33
2015年3月	11.31	12.45	14.23	14.78	12.56	14.45	12.16
2015年6月	11.03	11.77	14.35	14.80	11.57	14.34	11.88
2015年9月	11.20	13.65	14.23	14.78	10.81	14.09	12.00
2015年12月	11.19	11.91	14.75	15.43	11.49	14.45	11.87

资料来源：Wind 数据库、各上市银行年报财务数据、中国银保监会年报。

附表 7　14 家上市银行 2008~2015 年每季度末拨备覆盖率

单位：%

	北京银行	华夏银行	交通银行	南京银行	宁波银行	平安银行	浦发银行
2008 年 3 月	130.40	117.70	101.99	169.37	363.95	51.75	202.06
2008 年 6 月	140.92	126.12	107.65	191.86	323.44	53.75	215.08
2008 年 9 月	160.57	138.67	113.84	180.96	201.69	54.59	215.91
2008 年 12 月	180.23	151.22	116.83	170.05	152.50	105.14	192.49
2009 年 3 月	186.27	152.29	119.87	167.36	154.92	130.43	218.32
2009 年 6 月	200.41	153.36	123.00	164.68	160.41	133.07	216.03
2009 年 9 月	212.45	160.10	131.06	172.52	167.99	153.18	212.84
2009 年 12 月	215.69	166.84	151.05	173.74	170.06	161.84	245.93
2010 年 3 月	246.70	180.48	155.25	188.72	187.47	187.53	273.63
2010 年 6 月	255.13	194.12	161.17	203.69	205.69	224.09	302.26
2010 年 9 月	265.70	201.58	167.95	222.71	197.20	253.53	307.78
2010 年 12 月	307.12	209.04	185.84	234.71	196.15	271.50	380.56
2011 年 3 月	312.12	240.13	197.83	248.24	202.50	332.02	433.76
2011 年 6 月	334.24	271.23	213.89	270.03	210.11	379.74	452.85
2011 年 9 月	356.60	300.57	228.94	292.82	225.21	365.77	477.05
2011 年 12 月	446.39	308.21	256.37	323.98	240.74	320.66	499.60
2012 年 3 月	446.19	320.68	272.43	342.84	245.15	253.37	458.60
2012 年 6 月	450.34	335.45	273.53	346.82	238.42	237.96	414.03
2012 年 9 月	437.17	331.00	263.26	341.28	236.87	209.40	385.36
2012 年 12 月	419.96	320.34	250.68	316.74	275.39	182.32	399.85
2013 年 3 月	423.48	313.21	232.09	311.54	256.07	182.68	394.04
2013 年 6 月	427.01	305.08	222.92	282.90	257.12	183.54	347.86
2013 年 9 月	415.24	304.17	217.49	284.30	252.55	186.02	348.14
2013 年 12 月	385.91	301.53	213.65	298.51	254.88	201.06	319.65
2014 年 3 月	376.94	300.14	212.28	304.43	248.74	201.55	321.71
2014 年 6 月	367.97	291.49	204.16	302.00	241.18	198.18	267.84
2014 年 9 月	336.57	289.83	201.29	321.98	241.12	191.82	267.90
2014 年 12 月	324.22	233.13	178.88	325.72	285.17	200.90	249.09
2015 年 3 月	305.00	226.59	172.86	342.95	284.34	173.17	245.46
2015 年 6 月	306.97	185.01	170.43	347.15	281.79	183.03	245.45
2015 年 9 月	292.68	187.31	165.33	377.41	299.26	166.97	248.67
2015 年 12 月	278.39	167.12	155.57	430.95	308.67	165.86	211.40

续表

	兴业银行	招商银行	工商银行	建设银行	民生银行	中国银行	中信银行
2008年3月	164.80	198.26	110.72	107.79	119.83	114.73	112.71
2008年6月	174.38	216.13	116.08	117.23	114.20	120.39	115.41
2008年9月	168.29	220.72	121.16	119.41	123.78	121.49	120.27
2008年12月	226.58	223.29	130.15	131.58	150.04	121.72	150.03
2009年3月	229.82	219.31	132.02	141.75	151.40	126.47	157.16
2009年6月	218.78	241.39	138.20	150.51	169.93	138.96	150.05
2009年9月	228.44	245.10	148.37	161.08	185.82	144.66	159.59
2009年12月	254.93	246.66	164.41	175.77	206.04	151.17	149.36
2010年3月	261.39	272.26	179.76	192.16	219.05	172.09	170.08
2010年6月	278.80	297.59	189.81	204.72	229.42	188.44	169.92
2010年9月	287.06	304.02	210.16	213.48	259.40	198.93	176.13
2010年12月	325.51	302.41	228.20	221.14	270.45	196.67	213.51
2011年3月	341.96	335.31	246.53	228.80	300.69	205.99	231.22
2011年6月	379.96	348.41	261.14	244.68	334.30	217.29	238.23
2011年9月	387.81	366.53	272.66	248.65	355.44	223.01	250.26
2011年12月	385.30	400.13	266.92	241.44	357.29	220.75	272.31
2012年3月	393.01	404.36	280.88	250.65	360.44	226.67	309.39
2012年6月	455.95	404.03	281.40	262.38	352.36	232.56	273.18
2012年9月	430.75	377.37	288.33	262.92	339.21	237.19	305.54
2012年12月	465.82	351.79	295.55	271.29	314.53	236.30	288.25
2013年3月	429.41	328.08	288.12	270.76	324.51	244.24	243.30
2013年6月	410.11	304.72	288.16	265.20	320.41	238.96	223.93
2013年9月	377.83	280.99	268.87	267.88	292.90	232.90	231.85
2013年12月	352.10	266.00	257.19	268.22	259.74	229.35	206.62
2014年3月	337.19	268.04	245.39	260.21	256.63	226.83	191.91
2014年6月	305.74	251.29	238.02	248.87	215.87	217.02	192.68
2014年9月	281.42	227.99	216.60	234.47	199.96	207.70	181.49
2014年12月	250.21	233.42	206.90	222.33	182.20	187.60	181.26
2015年3月	227.30	223.77	180.41	207.23	180.58	167.05	183.98
2015年6月	221.21	204.17	163.39	185.29	162.13	157.37	178.53
2015年9月	189.64	195.47	157.63	178.99	161.62	153.72	178.42
2015年12月	210.08	178.95	156.34	150.99	153.63	153.30	167.81

资料来源：Wind 数据库、各上市银行年报财务数据、中国银保监会年报。

附表8 2008~2015年每季度末存款准备金率、存款基准利率与货币供应量

单位：%，亿元

	存款准备金率	存款基准利率	货币供应量（M_2）
2008年3月	15.5	3.33	423054.53
2008年6月	17	3.33	443141.02
2008年9月	17.5	3.33	452898.71
2008年12月	15.5	1.71	475166.60
2009年3月	15.5	1.71	530626.71
2009年6月	15.5	1.71	568916.20
2009年9月	15.5	1.71	585405.34
2009年12月	15.5	1.71	610224.52
2010年3月	16.5	1.71	649947.46
2010年6月	17	1.71	673921.72
2010年9月	17	1.71	696471.50
2010年12月	18.5	2.25	725851.79
2011年3月	20	2.6	758130.88
2011年6月	21.5	2.85	780820.85
2011年9月	21.5	3.1	787406.20
2011年12月	21	3.1	851590.90
2012年3月	20.5	3.1	895565.50
2012年6月	20	2.85	924991.20
2012年9月	20	2.6	943688.75
2012年12月	20	2.6	974148.80
2013年3月	20	2.6	1035858.37
2013年6月	20	2.6	1054403.69
2013年9月	20	2.6	1077379.16
2013年12月	20	2.6	1106524.98
2014年3月	20	2.6	1160687.38
2014年6月	20	2.6	1209587.20
2014年9月	20	2.6	1202051.41
2014年12月	20	2.35	1228374.81
2015年3月	19.5	2.1	1275332.78
2015年6月	18	1.6	1333375.36
2015年9月	17.5	1.35	1359824.06
2015年12月	17	1.1	1392278.11

资料来源：Wind数据库、《中国统计年鉴》。

参考文献

[1] Acharya V., M. Richardson (eds). Restoring financial stability: How to repair a failed system [M]. Hoboken, New Jersey: John Wiley & Sons, 2009.

[2] Adrian T. and H. S. Shin, Money Liquidity and Monetary Policy [J]. American Economic Eview, 2009, 99 (2).

[3] Agur I. and M. Demertzis. A model of monetary policy and bank risk taking [R]. Netherlands Bank, 2009 (10).

[4] Agur, Sharma. Rules, Discretion and Macro-prudential Policy [R]. IMF Working Paper, 2013 (65).

[5] Akinci O., Olmstead-Rumsey J. May. How effective are macroprudential policies? An empirical investigation [R]. Federal Reserve Board of Governors, Washington D.C., 2015.

[6] Allen F. and D. Gale. Financial Contagion [J]. Journal of Political Economy, 2000, 108 (1).

[7] Altunbas Y., Gambacorta L., Marques-Ibanez D. Dose Monetary Policy Affect Bank Risk-taking [R]. BIS Working Paper, 2010 (298).

[8] Angelini P., Neri S., Panetta F. Monetary and Macroprudential Policies [R]. European Central Bank Working Paper Series 1449, 2012.

[9] Antipa P., Mengus E., Mojon B. Would Macroprudential Policy have Prevented the Great Recession [R]. Bank of France Working Paper, 2010.

[10] Bank for International Settlements. Another year of Monetary Policy Accommodation. 85th Annual Report [R]. Apirl 1, 2014-March31, 2015, Basel,

June28, 2015.

[11] Bank of England (BOE). Monetary Policy Trade-offs and Forward Guidance [EB/OL]. http://www.bankofengland.co.uk, 2013 (8).

[12] Basel Committee on Banking Supervision. An Assessment of the Long-Term Economic Impact of Stronger Capital and Liquidity Requirements [R]. Bank of International Settlements, 2010.

[13] Bean C., Asset Price. Financial Stability and Monetary Policy [J]. American Economic Review, 2004, 94 (2).

[14] Benigno G., Chen H. G., Otrok C., Rebucci A., Young E. R. Financial Crisis and Mcaro-prudential Policies [J]. Journal of International Economics, 2013 (59).

[15] Bernanke B. Financial Reform to Address Systemic Risk [J]. Remarks at the Council on Foreign Relations, 2009 (3).

[16] Bernanke B. The effects of the great recession on central bank doctrine and practice [Z]. Keynote address at the Federal Reserve Bank of Boston 56th Economic Conference "Long Term Effects of the Great Recession", Boston, 2011 (1).

[17] Bernanke B., Reinhart V. and Sack B. Monetary Policy Alternatives at the Zero Bound: An Empirical Assessment [R]. Federal Reserve Board Working Paper, 2004 (48).

[18] Blanchard O., G. Dell'Ariccia and P. Mauro. Rethinking Macroeconomic Policy. IMF Staff Position Note SPN/10/03, 2010-02.

[19] Bordo M., M. J. Dueker and C. C. Wheelock. Aggregate Price Shocks and Financial Instability: An Historical Analysis. NBER Working Paper, 2000 (7652).

[20] Bordor M. and Jeanne O. Monetary Policy and Asset Price: Does "Benign Neglect" Make Sense? [J]. International Finance, 2002, 5 (2).

[21] Borio C. and Shim I. What can macro-prudential policy do to support monetary policy? [M]. BIS Working Paper, 2007 (242).

[22] Borio C. and W. White. Whither monetary and financial stability? The im-

plications of evolving policy regimes [J]. BIS Working Papers, 2004, 147 (2).

[23] Borio C. Implementing the macroprudential approach to financial regulation and supervision [J]. Banque de France Financial Stability Review, 2009 (9).

[24] Borio C. Towards a Macro Prudential Framework for Financial Supervision and Regulation? [J]. BIS Working Papers, 2003, 128 (2).

[25] Borio C., Lowe P. Asset Prices, Financial and Monetary Stability: Exploring the Nexus [J]. BIS Working Papers, Bank for International Settlements, 2002 (114).

[26] Borio C., M. Drehmann. Towards an operational framework for financial stability: Fazzy 11 measurement and its consequences [J]. BIS Working Papers, 2009, 284 (7).

[27] Borio C., Zhu H. Capital Regulation, Risk-taking and Monetary Policy: A Missing Link in the Transmission Mechanism? [R]. BIS Working Paper, 2008.

[28] Brunnermeier M. Deciphering the Liquidity and Credit Crunch [J]. Journal of Economic Perspective, 2009, 27 (1).

[29] Brunnermeier M., Crocket A., Goodhart C., Perssaud A. and Shin H. The fundamental principles of financial regulation [R]. Geneva Reports on the World Economy, 2009.

[30] Brunnermeier Pedersen. Market Liquidity and Funding Liquidity [J]. Forthcoming in Review of Financial Studies, 2009 (1).

[31] Calomiris Charles. Banking Crises and the Rules of the Game [J]. NBER Working Paper, 2009 (15403).

[32] Caruana J. Systemic risk: How to deal with it? [EB/OL]. Bank of International Settlement, 12 February, http://www.bis.org/publ/p100212.htm, 2010.

[33] Charles Goodhart, The Role of Macro-Prudential Supervision, the Federal Reserve Bank of Atlanta 2010 Financial Markets Conference [C]. 2010 (12).

[34] Choudhry M. T., Elhorst J. P. Demographic Transition and Economic Growth in China, India and Pakistan [J]. Economic Systems, 2010, 34 (3).

[35] Copper, Adrian. The Impact of Interest Rates and the Housing Market on

the UK Economics [M]. Economics Outlook, 2004, 28 (2).

[36] Cordella T., Pienknagura S. Macro Prudential Policies From a Micro Prudential Angle [R]. Policy Research Working Paper, 2013 (12).

[37] Crockett A. Marrying the micro-and macroprudential dimensions of financial stability. BIS Speeches, 2001 (9).

[38] Dell'Ariccia G., Igan D., Laeven L. Credit Booms and Lending Standards: Evidence from the Subprime Mortgage Market [R]. CEPR Discussion Paper, 2008 (2).

[39] Denis Beau, Laurent Clerc and Benoit Mojon. Macro-prudential Policy and the Conduct of Monetary Policy [J]. Banque de France Working Paper, 2012 (390).

[40] Detmers G. and Nautz D. The Information Content of Central Bank Interest Rate Projections: Evidence from New Zealand. The Economic Record, 2012, 88 (282).

[41] Diaye N. Countercyclical Macro Prudential Policies in a Ssupporting Role to Monetary Policy [R]. IMF Working Paper, 2009.

[42] Dirk Schoenmaker. The Missing Link in Banking Union: Macro-Prudential Supervision [R]. Duisenberg School of Finance, 2012.

[43] Dragui M. Introductory Remarks at the EP's Economic and Monetary Affairs Committee, Speech, 2014.

[44] Eggertsson G. B., M. Woodford. The Zero Bound on Interest Rates and Optimal Monetary Policy [R]. Brookings Papers on Economic Activity, 2003.

[45] Eichengreen B. The ECB Tries Again [J]. Inter Economics, 2014 (4).

[46] Filardo A. Monetary policy and asset price bubbles: Calibrating the monetary policy trade-offs [J]. BIS Working Papers, 2004, 155 (6).

[47] Galati G. and R. Moessner. Macroprudential Policy—A Literature Review [J]. BIS Working Papers, 2011 (337).

[48] Goldberg L. S., Kennedy C., Miu J. Central Bank Dollar Swap Lines and

Overseas Dollar Funding Costs [R]. National Bureau of Economic Research, 2010.

[49] Goodhart C. A. and Lim B. W. Interest Rate Forecast-a Pathology. International Journal of Central Banking, 2011 (7).

[50] Greenspan. A New Challenges for Monetary Policy [C]. Opening Remarks at a Symposium, Fed of Kansas, 1999.

[51] Hanson S., A. Kashyap and J. stein. A Macroprudential Approach to Financial Regulation [J]. Forthcoming in the Journal of Economic Perspectives, 2010 (1).

[52] Hellwig M. Systemic aspects of risk management in banking and finance [J]. Swiss Journal of Economics and Statistics, 1995 (131).

[53] Hiroshi Ugai. Effects of the Quantitative Easing Policy: A Survey of Empirical Analyses [J]. Bank of Japan Monetary and Economic Studies, 2007 (25).

[54] Hoenig M. T. Too big has failed. A Speech Presented on March 6, 2009.

[55] Hofmann B. and G. Peersman. Revisiting the U.S. Monetary Transmission Mechanism [R]. BIS Working Papers, forthcoming, BIS: 85th Annual Report, April 1, 2014-March31, 2015; Basel, 2015 (6).

[56] Igan D., Kang H. Do Loan-to-Value and Debt-to-Income Limits Work? Experience from Korea [R]. IMF Working Paper, 2011 (11).

[57] IMF. Macroprudential Policy: An Organizing Framework-Background Paper [R]. 2011.

[58] International Monetary Fund. The Interaction of Monetary and Macroprudential Policies [R]. IMF Board Paper and Background Paper, 2012 (1).

[59] J. B. Taylor and J. C. Williams. A Black Swan in the Money Market, American Economic Journal Macroeconomic, 2008, 1 (1).

[60] Jiménez G., Ongena S., Prydro J.-L., et al. Macroprudential Policy, Countercyclical Bank Capital Buffers and Credit Supply: Evidence from the Spanish Dynamic Provisioning Mishkin, F. S. is monetary policy effective during financial crises? [R]. National Bureau of Economic Research, 2009.

[61] Jokipii T., Milne A. Bank Capital Buffer and Risk Adjustment Decisions

[R]. Swiss National Working Paper, 2009 (9).

[62] Knight M. D. Marrying the micro and macroprudential dimensions of financial stability: Six years on. Speech Delivered at the 14th International Conference of Banking Supervisors, BIS Speeches, 2006 (10).

[63] Kuttner, Kenneth N. and Ilhyock Shim. Can Non-interest Rate Policies Stabilise Housing Markets? [J]. Evidence from a Panel of 57 Economies [J]. BIS Working, 2013 (433).

[64] Lim C., F. Columba A. Costa, et al. Macroprudential Policy: What Instruments and How to Use Them? [J]. IMF Working Paper, 2011 (1).

[65] Mallick S. K., Sousa R. M. The real effects of financial stress in the eurozone [J]. Int. Rev. Financ. Anal, 2013, 30: 1-17.

[66] Manz Michael. Information-based Contagion and the Implications for Financial Fragility [J]. European Economic Review, 2010 (7).

[67] Matthew Greenwood-Nimmo, Artur Tarassow. Monetary shocks, macroprudential shocks and financial stability [J]. Economic Modelling, 2016 (56).

[68] McAndrews J. Sarkar and Zhengyu Wang. The Effect of the Long-Term Facility on the London Inter-Bank Offered Rate [R]. Federal Reserve Bank of New York Staff Report, 2008.

[69] Mishkin and Frederic S. Housing and the Monetary Transmission Mechanism [R]. Finance and Economics Discussion Series, Divisions of Research & Statistics and Monetary Affairs, Federal Reserve Board, 2007.

[70] Mishkin, Frederic S. Housing and Monetary Transmission Mechanism [J]. NBER Working Paper Series, 2007 (10).

[71] Montoro C. and R. Moreno. The Use of Reserve Requirements as a Policy Instrument in Latin America [R]. BIS Quarterly Review, 2011 (3).

[72] Ostry M. J. D., Ghosh M. A. R., Korinek M. A. Multilateral Aspects of Managing the Capital Account [R]. International Monetary Fund, 2012.

[73] Paul Krugman. The Return of Depression Economics and the Crisis of 2008

[M]. W. W. Norton & Company, NewYork, 2008 (12).

[74] Rajan R. G. Has Financial Development Made the World Riskier? [J]. National Bureau of Economic Research Working Paper Series, 2005 (11728).

[75] Roubini N. Why Central Banks Should Burst Bubbles [J]. International Finance, 2006, 9 (1).

[76] Shin H. S. Financial intermediation and the post-crisis financial system [J]. BIS Working Papers, 2010 (304).

[77] Smaghi, Lorenzo Bini. ECB: Macro Prudential Supervision and Monetary Policy [R]. The OeNB Annual Economic Conference on the Future of European Integration: Some Economic Perspectives, 2011.

[78] Stiglitz J. Time for a second stimulus [J]. New Perspectives Quarterly, 2010, 27 (2).

[79] Stiglitz J. Time for a Second Stimulus [J]. New Perspectives Quarterly, 2010, 27 (2).

[80] Stijn Claessens, Swati R. Ghosh and Roxana Mihet. Macroprudential Policies to Mitigate Financial System Vulnerabilities [J]. IMF Working Papers, 2014 (155).

[81] Stijn Claessens, Swati R. Ghosh. Macro-Prudential Policies: Lessons for and from Emerging Markets. Prepared for the East-West Center and the Korea Development Institute conference entitled: Financial Regulations on International Capital Flows and Exchange Rates [J]. 2012 (7).

[82] Suh Hyunduk. Macroprudential Policy: Its Effects and Relationship to Monetary Policy [J]. FRB of Philadephia Working Paper, 2012 (12).

[83] The Monetary Policy Committee. Monetary Policy Trade-offs and Forward Guidance [R]. Bank of England, 2013.

[84] Tovar C., M. Garcia-Escribano and M. Vera Martin. Credit Growth and the Effectiveness of Reserve Requirements and Other Marcroprudential Instruments in Latin America [R]. IMF Working Paper, 2012 (142).

[85] Unsal D. Filiz. Capital Flows and Financial Stability: Monetary Policy and

Macroprudential Responses [J]. IMF Working Papers, 2011 (1).

[86] Winkelmann and Lars. Quantitative Forward Guidance and the Predictability of Monetary Policy: A Wavelet Based Jump Detection Approach [R]. SFB 649 Discussion Paper, 2013.

[87] Wong E., Fong T., Li K.-f., et al. Loan-to-Value Ratio as a Macroprudential Tool-Hong Kong's Experience and Cross-Country Evidence [R]. Hong Kong Monetary Authority Working Paper, 2011 (1).

[88] Woodford and Michael. Methods of Policy Accommodation at the Interest Rate Lower Bound. Symposium, Jackson Hole, Wyoming, 2012 (8).

[89] Woodford M. Inflation Targeting and Financial Stability [R]. National Bureau of Economic Research, 2012.

[90] 巴曙松,王璟怡,杜婧.从微观审慎到宏观审慎:危机下的银行监管启示[J].国际金融研究,2010(5).

[91] 卜林,郝毅,李政.财政扩张背景下我国货币政策与宏观审慎政策协同研究[J].南开经济研究,2016(5).

[92] 蔡昉.刘易斯转折点:中国经济发展新阶段[M].北京:社会科学文献出版社,2008.

[93] 曹国华,刘睿凡.供给侧改革背景下我国商业银行信贷风险的防控[J].财经科学,2016(4).

[94] 陈伟忠,黄炎龙.货币政策、资产价格与金融稳定性[J].当代经济科学,2011(1).

[95] 陈雨露,马勇.宏观审慎监管:目标、工具与相关制度安排[J].经济理论与经济管理,2012(3).

[96] 程璐.货币政策与宏观审慎政策的效用结果研究——基于新凯恩斯DSGE模型[J].当代经济科学,2015(6).

[97] 丁建臣,赵丹丹."双支柱"调控框架下防范和化解系统性金融风险的政策建议[J].经济纵横,2018(5).

[98] 方意,赵胜民,谢晓闻.货币政策的银行风险承担分析——兼论货币政

策与宏观审慎政策协调问题［J］.管理世界，2012（11）.

［99］方意.中国宏观审慎监管框架研究［D］.南开大学，2013.

［100］封北麟，孙家希.结构性货币政策的中外比较研究［J］.财政研究，2016（2）.

［101］高玉伟.构建适合中国的宏观审慎政策框架［J］.央行与货币，2016（5）.

［102］高智贤，李成，刘生福.货币政策与宏观审慎监管的配合机制研究［J］.当代经济科学，2015（1）.

［103］葛奇.金融稳定与央行货币政策目标——对"杰克逊霍尔共识"的再认识［J］.金融理论与政策，2016（6）.

［104］葛志强.货币政策和宏观审慎管理政策协调——基于损失函数的动态一般均衡分析［J］.征信，2013（2）.

［105］耿楠.宏观审慎政策工具：实践进展与应用难点［J］.金融与经济，2012（11）.

［106］谷慎，岑磊.宏观审慎监管政策与货币政策的配合——基于动态随机一般均衡分析［J］.当代经济科学，2015（6）.

［107］顾海峰，张元姣.货币政策与房地产价格调控：理论与中国实践［J］.经济研究，2014（1）.

［108］郭晗，任保平.人口红利变化与中国经济发展方式转变［J］.当代财经，2014（3）.

［109］国务院发展研究中心《进一步化解产能过剩的政策研究》课题组.当前我国产能过剩的特征、风险及对策研究——基于实地调研及微观数据的分析［J］.管理世界，2015（4）.

［110］何德旭，吴伯磊，谢晨.系统性风险与宏观审慎监管：理论框架及相关建议［J］.中国社会科学院研究生院学报，2010（11）.

［111］姜华东.金融宏观审慎监管工具体系及其有效性研究［J］.中国浦东干部学院学报，2015（1）.

［112］匡可可，张明.货币政策前瞻性指引：实施原理、主要类型、国际经

验及其对中国的启示［J］.金融评论，2015（4）.

［113］乐玉贵.关于建立"三位一体"银行业宏观审慎监管目标的思考［J］.国际金融研究，2014（2）.

［114］李成，李玉良，王婷.宏观审慎监管视角的金融监管目标实现程度的实证分析［J］.国际金融研究，2013（1）.

［115］李成，涂永前."后金融危机时代"我国金融监管体制的完善［J］.南京审计学院学报，2011（1）.

［116］李华威.宏观审慎视角下的逆周期货币政策规则研究［D］.南京大学，2016.

［117］李娟，沈沛龙.基于供给侧结构性改革的货币政策与宏观审慎协调［J］.经济问题，2017（1）.

［118］李娟.促进实体经济和虚拟经济的协调发展——基于山西经济转型发展研究［J］.经济研究参考，2014（39）.

［119］李佩珈，梁婧.杠杆率、债务风险与金融稳定——基于理论和中国经济杠杆率的实证分析［J］.新金融，2015（4）.

［120］李文泓.关于宏观审慎监管框架下逆周期政策的探讨［J］.金融研究，2009（7）.

［121］李文泓.宏观审慎监管框架下的逆周期政策研究［M］.北京：中国金融出版社，2011.

［122］李妍.宏观审慎监管与金融稳定［J］.金融研究，2009（8）.

［123］李杨.后金融危机时代中国货币政策面临的挑战与对策研究［J］.理论探讨，2015（5）.

［124］梁琪，李政，卜林.中国宏观审慎政策工具有效性研究［J］.经济科学，2015（2）.

［125］廖岷，孙涛，丛阳.宏观审慎监管研究与实践［M］.北京：中国经济出版社，2014.

［126］刘辰中.货币政策将体现供给侧改革取向［N］.经济参考报，2016-01-19：（001）.

[127] 刘兰芬，韩立岩.量化宽松货币政策对新兴市场的溢出效应分析——基于中国和巴西的经验研究[J].经济与金融，2014（6）.

[128] 刘扬.宏观审慎监管框架下中国金融监管的政策选择[J].当代经济管理，2011（6）.

[129] 刘元春，李舟.后危机时代非常规货币政策理论的兴起发展及应用[J].教学与研究，2016（4）.

[130] 刘志洋，宋玉颖.宏观审慎监管政策工具实施及有效性国际实践[J].中国社会科学院研究生院学报，2016（1）.

[131] 刘志洋.宏观审慎监管：框架与政策工具[J].金融理论与实践，2012（8）.

[132] 卢蕾蕾，李良松.中央银行前瞻指引理论与经验：文献综述[J].国际金融研究，2014（1）.

[133] 陆磊.供给侧改革背景下的宏观审慎管理[N].上海证券报，2016-03-28.

[134] 陆岷峰，吴建平.供给侧改革背景下金融风险底线坚守研究[J].盐城师范学院学报（人文社会科学版），2016（5）.

[135] 路妍，方草.美国量化宽松货币政策调整对中国短期资本流动的影响研究[J].宏观经济研究，2015（2）.

[136] 罗玉冰.宏观审慎管理理论及其中国化问题研究[D].西南财经大学，2012.

[137] 马勇，陈雨露.宏观审慎政策的协调与搭配：基于中国的模拟分析[J].金融研究，2013（8）.

[138] 马勇，田拓，阮卓阳，朱军军.金融杠杆、经济增长与金融稳定[J].金融研究，2016（6）.

[139] 毛雁冰，孙凯.供需错位条件下供给侧结构性改革的路向[J].新疆师范大学学报（哲学社会科学版），2016（5）.

[140] 聂召.宏观审慎监管：政策工具与实践进展——基于应对信贷繁荣的视角[J].上海金融，2015（2）.

[141] 任泽平, 张庆昌. 供给侧改革去产能的挑战、应对、风险与机遇 [J]. 发展研究, 2016 (4).

[142] 申博. "去库存"视角下房地产行业对区域金融稳定的影响——基于空间面板模型的实证研究 [J]. 河北经贸大学学报, 2016 (3).

[143] 沈沛龙, 王晓婷. 宏观审慎政策与银行风险承担研究 [J]. 财经理论与实践, 2015 (3).

[144] 石大龙. 双支柱调控框架的背景、影响及展望 [J]. 金融博览, 2018 (3).

[145] 唐宏飞. 对我国宏观审慎评估体系的认识 [J]. 金融会计, 2016 (4).

[146] 万光彩, 张霆, 卫松涛. 基于金融稳定视角的货币政策与宏观审慎政策演进 [J]. 东北农业大学大学学报（社会科学版）, 2015 (5).

[147] 万志宏. 货币政策前瞻指引：理论、政策与前景 [J]. 世界经济, 2015 (9).

[148] 汪川. 供给侧改革背景下的货币政策调控 [J]. 债券, 2016 (6).

[149] 汪川. 新常态下我国货币政策转型：经验与措施 [J]. 新金融, 2015 (4).

[150] 王爱俭, 王璟怡. 宏观审慎政策效应及其与货币政策关系研究 [J]. 经济研究, 2014 (4).

[151] 王德文, 蔡昉, 张学辉. 人口转变的储蓄效应和增长效应——论中国增长可持续性的人口因素 [J]. 人口研究, 2004 (9).

[152] 王飞. 商业银行风险承担、宏观审慎政策与货币政策协调性研究 [D]. 南开大学, 2014.

[153] 王国刚. 供给侧改革中的货币政策 [J]. 中国金融, 2016 (4).

[154] 王璟怡. 宏观审慎与货币政策协调的研究动态综述 [J]. 上海金融, 2012 (11).

[155] 王璟怡. 宏观审慎政策与货币政策相互关系的研究 [D]. 天津财经大学, 2013.

[156] 王力伟. 宏观审慎监管研究的最新进展：从理论基础到政策工具 [J].

国际金融研究，2010（11）.

[157] 王亮亮，甘煜，苗永旺. 宏观审慎政策与货币政策的协调机制探讨[J]. 青海金融，2012（7）.

[158] 王倩，卢馨，曹廷求. 结构性货币政策、银行流动性与信贷行为[J]. 东岳论丛，2016（8）.

[159] 王伟，李海平. 中央银行在我国银行业宏观审慎监管体系中的角色研究[J]. 上海金融，2012（3）.

[160] 王勇. 从欧美货币政策背驰看供给侧改革[N]. 证券时报，2015-12-10：（A03）.

[161] 王勇. 警惕房地产去库存衍生的金融风险[N]. 证券时报，2016-03-10：（A03）.

[162] 王元涛，郭树华. 宏观审慎管理与货币政策协调配合研究[J]. 技术经济与管理研究，2015（6）.

[163] 王兆星. 加强金融信息整合共享，促进金融安全稳定[J]. 金融论坛，2016（8）.

[164] 王兆旭. 宏观审慎框架下货币政策与金融稳定的权衡及选择[J]. 金融与经济，2011（6）.

[165] 王兆旭. 宏观审慎框架下货币政策与金融稳定的权衡及选择[J]. 金融与经济，2011（7）.

[166] 王志虎，葛晓华. 对构建经济金融信息协调共享机制的思考[J]. 西部金融，2013（5）.

[167] 伍戈. 对金融危机后货币政策目标的再思考[J]. 宏观经济研究，2009（8）.

[168] 伍志. 中国金融脆弱性分析[J]. 经济科学，2002（3）：5-13.

[169] 习近平主持召开中央财经领导小组第十一次会议[EB/OL]. 新华网，2015-11-10.

[170] 夏斌. 宏观审慎管理：框架及其完善[J]. 中国金融，2010（22）.

[171] 肖璞. 后危机时代中国有效金融监管问题研究[D]. 湖南大学，2013.

[172] 徐琤. 后危机时代美国量化宽松货币政策退出机制与影响研究 [J]. 上海经济研究, 2015 (3).

[173] 杨吉峰, 肖起峰, 刘相兵. 商业银行支持供给侧改革问题研究 [J]. 甘肃金融, 2016 (10).

[174] 杨琳. 我国频繁提高存款准备金率的原因及其效应 [J]. 新金融, 2010 (7).

[175] 杨兆廷, 庞如超. 从紧的货币政策对房地产行业投资的影响分析 [J]. 上海金融学院学报, 2009 (1).

[176] 易纲. 货币政策要避免过度宽松 [J]. 财经界, 2016 (3).

[177] 尹继志. 中央银行在宏观审慎监管体系中的地位与权限 [J]. 财经科学, 2011 (1).

[178] [英] 约翰·梅纳德·凯恩斯. 就业、利息和货币通论 [M]. 宋韵声译. 北京: 华夏出版社, 1935.

[179] 张杰, 宋志刚. 供给侧结构性改革中"去产能"面临的困局、风险及对策 [J]. 河北学刊, 2016 (4).

[180] 张敏峰, 李拉亚. 宏观审慎政策有效性研究最新进展 [J]. 经济学动态, 2013 (6).

[181] 张强, 乔煜峰, 张宝. 中国货币政策的银行风险承担渠道存在吗? [J]. 金融研究, 2013 (8).

[182] 张显球. 宏观审慎监管: 理论含义及政策选择 [M]. 北京: 中国金融出版社, 2012.

[183] 张雪兰, 何德旭. 逆周期宏观审慎监管工具的有效性: 国外文献评述 [J]. 国外社会科学, 2014 (7).

[184] 张亦春, 胡晓. 非常规货币政策探讨及金融危机下的实践 [J]. 国际金融研究, 2010 (3).

[185] 赵清. 金融不稳定与宏观审慎监管研究 [D]. 辽宁大学, 2012.

[186] 赵洋. 把握好去库存与防风险的关系 [N]. 金融时报, 2016-04-05: (001).

[187] 中国人民银行福州中心支行.结构性货币政策的国际比较、效果评估及若干思考[J].福建金融,2016(7).

[188] 中国人民银行金融稳定小组.2016中国金融稳定报告[R].中国金融出版社,2016.

[189] 周小川.合适的货币政策可为供给侧改革提供更大空间[N].上海证券报,2016-03-07:(001).

[190] 周小川.宏观审慎政策是针对系统性风险的良药[N].金融时报,2010-10-22.

[191] 周永胜.关于我国中央银行履行宏观审慎监管职能的若干思考[J].武汉金融,2011(6).

[192] 周源.宏观审慎政策与货币政策目标协调研究[J].浙江金融,2011(8).

[193] 朱恩涛,翁玉颖,张小雅.关于物价稳定与金融稳定协调的理论分析[J].商业经济研究,2016(6).

[194] 卓尚进.货币政策兼顾供给侧改革与总需求管理[N].金融时报,2016-02-15:(001).